CAMILO CASTELO BRANCO

Amor de Perdição

Pode haver um sentimento tão intenso pelo qual vale arriscar a vida?

VERSÃO PARA O PORTUGUÊS MODERNO:
PEDRO ALMEIDA

Veríssimo

AMOR DE PERDIÇÃO, CAMILO CASTELO BRANCO
COPYRIGHT © FARO EDITORIAL, 2024.
EDIÇÃO INTEGRAL, COM ATUALIZAÇÃO DO VOCABULÁRIO USUAL E ACORDO ORTOGRÁFICO
TODOS OS DIREITOS RESERVADOS.

Nenhuma parte deste livro pode ser reproduzida sob quaisquer meios existentes sem autorização por escrito do editor.

Veríssimo é um selo da Faro Editorial.

Edição, atualização e adaptação: **PEDRO ALMEIDA**
Coordenação editorial: **CARLA SACRATO**
Assistente editorial: **LETICIA CANEVER**
Preparação: **LIGIA AZEVEDO**
Revisão: **BÁRBARA PARENTE E VALQUIRIA DELLA POZZA**
Capa: **OSMANE GARCIA FILHO**
Ilustração de capa: **FARO EDITORIAL**
Diagramação: **REBECCA BARBOZA**

Dados Internacionais de Catalogação na Publicação (CIP)
Angélica Ilacqua CRB-8/7057

Castelo Branco, Camilo, 1825-1890
    Amor de perdição / Camilo Castelo Branco; tradução de Pedro Almeida. — São Paulo: Faro Editorial, 2024.
    96 p.

ISBN 978-65-5957-478-0

    1. Ficção portuguesa I. Título II. Almeida, Pedro

20-3729   CDD P869.3

Índice para catálogo sistemático:
1. Ficção norte-americana 813.6

Veríssimo

2ª edição brasileira: 2024
Direitos de edição em língua portuguesa, para o Brasil, adquiridos por **FARO EDITORIAL**

Avenida Andrômeda, 885 – Sala 310
Alphaville – Barueri – SP – Brasil
CEP: 06473-000
www.faroeditorial.com.br

"Este romance foi escrito num dos cubículos-cárceres da Relação do Porto, a uma luz coada por ferros, e abafada pelas sombras das abóbadas.

"... Desde menino ouvi contar a triste história de meu tio paterno, Simão António Botelho. Minha tia, irmã dele, solicitada por minha curiosidade, estava sempre pronta a repetir a história (...). Lembrou-me naturalmente na cadeia muitas vezes meu tio, que ali deveria estar inscrito no livro das entradas no cárcere e das saídas para o degredo. Folheei os livros desde os anos de 1800, e achei a notícia com pouca fadiga e alvoroços de contentamento, como se em minha alçada estivesse adornar-lhe a memória como recompensa das suas trágicas e afrontosas dores em vida tão breve."

"Escrevi o romance em quinze dias, os mais atormentados de minha vida. Tenho a memória tão horrorizada desses dias que nunca mais abrirei o *Amor de Perdição*, nem lhe passarei a lima sobre os defeitos no futuro. Não sei se lá digo que meu tio Simão chorava, e menos sei se o leitor chorou com ele. De mim lhe juro que...

"Nos quinze atormentados dias em que o escrevi, faleceu-me o vagar e a contenção que requer o aplainar e aperfeiçoar dos períodos. O que eu queria era afogar as horas e talvez a necessidade de usar o meu tempo, as minhas meditações silenciosas, e o direito de me espreguiçar como toda a gente, e o prazer ainda de ser tão lustroso na linguagem, quanto em diversas circunstâncias poderia ser."

Textos extraídos dos prefácios das
primeiras edições (1961–1964).

Simão Botelho, o protagonista, esteve, realmente, na cadeia do Porto e de lá seguiu para o degredo na Índia, e é certo ter sido Simão Botelho tio paterno de Camilo Castelo Branco.

Passados muitos anos do lançamento e perto do fim da vida, Camilo contestava um amigo indicando a supremacia deste romance sobre seus outros. O motivo era que o drama de amor que o tinha identificado com Simão Botelho estava diluído, frio, quase morto. Mas no momento de escrevê-lo, pelo contrário, Camilo tê-lo-ia julgado a sua melhor obra sentimental, porque fora a mais sincera, intensa e a mais pessoal.

Publicado, o livro foi como centelha que incendiasse todos os corações, penetrando até naqueles austeros domicílios onde o nome do autor antes era pronunciado com certa repulsa. Muitas lágrimas banharam essas páginas. Chorou-se, sonhou-se sobre o *Amor de Perdição*, como sobre um poema de infinda amargura, que não tinha rival nas letras portuguesas.

Notas sobre Amor de Perdição
Alberto Pimentel (1915), sobrinho de Camilo

Introdução

Folheando os livros de antigos registros no cartório das cadeias do Porto, em Portugal, li, na seção das entradas dos presos de 1803 a 1805, na página 232, o seguinte:

Simão António Botelho, que assim disse chamar-se, solteiro e estudante na Universidade de Coimbra, natural da cidade de Lisboa, e residente na ocasião da sua prisão na cidade de Viseu, idade de dezoito anos, filho de Domingos José Correia Botelho e de D. Rita Preciosa Caldeirão Castelo Branco; estatura ordinária, cara redonda, olhos castanhos, cabelo e barba pretos, vestido com jaqueta azul, colete com relevo e calça de pano.

À margem esquerda desse registro, estava escrito:

Foi enviado para a Índia a 17 de março de 1807.

Deveria mesmo se sensibilizar o leitor por achar que o exílio compulsório de um rapaz de dezoito anos havia de ser demasiado duro.

Dezoito anos! O amanhecer dourado e escarlate da manhã da vida! As gentilezas do coração que ainda não sonha em frutos, mas já se perde em devaneios no perfume das flores!

Dezoito anos! O amor daquela idade! A passagem do seio da família, dos braços da mãe, dos beijos das irmãs, para as carícias mais doces da virgem, que se lhe abre de igual modo como flor da mesma estação e dos mesmos aromas, e à mesma hora da vida!

Dezoito anos! E exilado da pátria, do amor e da família! Condenado a nunca mais ver o céu de Portugal, nem a mãe, nem a reabilitação, nem a dignidade, nem um amigo! É triste!

O leitor decerto se entristecia; e a leitora, se lhe dissessem em menos de uma linha a história daqueles dezoito anos, choraria!

"Amou, perdeu-se e morreu amando."

É a história. E uma história assim conseguirá porventura ouvi-la de olhos enxutos a mulher, a criatura mais bem formada das branduras da piedade que por vezes traz consigo do Céu um reflexo da divina misericórdia? Essa, a minha leitora, a carinhosa amiga de todos os infelizes, não choraria se eu lhe dissesse que o pobre rapaz perdeu a honra, a reabilitação, a pátria, a liberdade, as irmãs, a mãe, a vida, tudo... por amor à primeira mulher que o despertou do seu sonho de inocentes desejos?

Chorava, chorava! Queria eu saber dizer o doloroso sobressalto que me causaram aquelas linhas, procuradas de propósito, e lidas com a amargura e o respeito e, ao mesmo tempo, o ódio. Ódio, sim... A seu tempo verão se é perdoável o ódio, ou não seria melhor abrir mão desde já de uma história que pode provocar náusea aos frios julgadores do coração pelas sentenças que eu aqui disser contra a falsa virtude dos homens e feitos bárbaros em nome da honra.

Capítulo 1

O pai, Domingos José Correia Botelho de Mesquita e Meneses, fidalgo de uma das mais antigas casas de Vila Real de Trás-os-Montes, era, em 1779, juiz de fora de Cascais, e nesse mesmo ano casara com uma dama do paço, D. Rita Teresa Margarida Preciosa da Veiga Caldeirão Castelo Branco, filha de um capitão de cavalos, neta de outro, Antônio de Azevedo Castelo Branco Pereira da Silva, tão notável pela sua hierarquia como por um livro — naquele tempo famoso — que escrevera acerca da arte da guerra.

Dez anos de um amor não correspondido mantiveram em Lisboa o bacharel provinciano. Para fazer a formosa dama de D. Maria I amá-lo, faltavam-lhe dotes físicos: Domingos Botelho era extremamente feio. Para se firmar como bom pretendente, faltavam-lhe bens: o que possuía não excediam os trinta mil cruzados em propriedades no Douro. Os dotes de espírito também não o recomendavam: era fraco de inteligência, o que lhe rendeu por parte de seus colegas da universidade o apelido de Brocas, pelo qual ainda hoje seus descendentes em Vila Real são conhecidos. Bem ou mal derivado, o apelido Brocas vem de "broa". Entenderam os acadêmicos que a rudeza do seu companheiro de estudos procedia do muito pão de milho que ele ingerira na infância.

Mas Domingos Botelho devia ter uma vocação qualquer, e tinha: era um excelente flautista; e foi tocando a flauta que se sustentou por dois anos em Coimbra, durante os quais seu pai suspendeu as mesadas, porque os rendimentos da casa não bastaram para livrar outro filho de um crime de assassinato.*

Domingos Botelho formara-se em 1767, e fora a Lisboa admitido no Tribunal do Desembargo do Paço — iniciação banal dos que aspiravam à carreira da magistratura. Já Fernão Botelho, pai do bacharel, fora bem aceito em Lisboa, principalmente pelo duque de Aveiro, cuja estima pôs sua cabeça em risco, na tentativa de golpe contra o próprio pai em 1758.

O provinciano saiu das masmorras da Junqueira livre da infame mácula, e até ficou bem-visto pelo conde de Oeiras, porque tomara parte na prova que ele fizera da supremacia da sua genealogia contra a dos Pintos Coelhos do Bonjardim do Porto — disputa ridícula, mas estrondosa, movida pela recusa do fidalgo portuense a dar sua filha ao filho do Marquês de Pombal.

O que o bacharel flautista fez para ganhar a estima de D. Maria I e Pedro III não sei. Diz a tradição que o homem fazia rir a rainha com suas graças, e porventura com os trejeitos que revelavam o melhor da sua personalidade. O certo é que Domingos Botelho passou a frequentar o paço e a receber do bolsinho da soberana uma farta pensão, com a qual o aspirante a juiz de fora se esqueceu de si, do futuro e do ministro da justiça, que, muito rogado, o tornou juiz de fora de Cascais.

---

* Há vinte anos, ouvi a história desse assassinato, assim contada. Era Quinta-feira Santa. Marcos Botelho, irmão de Domingos, estava na festa de Endoenças, em São Francisco, acompanhado por uma dama, namorada sua, mas um tanto desleal. Noutro ponto da igreja estava um alferes de infantaria, com os olhos e o coração na mesma mulher. Marcos enfrentou seu ciúme até o final da missa. À saída do templo, encarou o militar e provocou-o. O alferes tirou a espada, e o fidalgo, o espadim. Trocaram golpes durante um longo tempo sem feridas nem sangue. Amigos de ambos os lados tinham conseguido aplacá-los quando Luís Botelho, outro irmão de Marcos, atirou com uma carabina no peito do alferes, e ali, à entrada da rua do Jogo da Bola, matou-o. O homicida acabou por ficar livre por intercessão do soberano

Já foi dito que ele se atreveu aos amores do paço, não fazendo poesias como Luís de Camões ou Bernardim Ribeiro, mas namorando na sua prosa provinciana e captando a benevolência da rainha para amolecer as durezas de sua dama de companhia, sua pretendente. Devia de ser feliz o Dr. Bexiga — como era conhecido na corte —, para que a discórdia que existe entre o talento e a felicidade não se desconcertasse. Domingos Botelho casou com D. Rita Preciosa. Rita era uma formosura, que ainda aos cinquenta anos podia se gabar disso. E não tinha outro dote, pois seu dote era uma série de antepassados, uns bispos, outros generais, incluindo aquele que morrera queimado dentro de um caldeirão à mão dos mouros — evento tratado com glória, na verdade, um pouco ardente, mas de tal modo lembrada que seus descendentes passaram a chamar-se Caldeirões.

A dama do paço foi feliz com o marido. Tinha, no entanto, saudades da corte, das pompas das câmaras reais, dos luxos e dos hábitos que tinha sacrificado. Este desgostoso viver, porém, não impediu que se reproduzissem, tendo dois meninos e três meninas. O mais velho era Manuel, o segundo, Simão; das meninas, uma era Maria, a segunda Ana, e a última tinha o nome da mãe, e alguns traços da beleza dela.

O juiz de fora de Cascais morava em Lisboa, na freguesia da Ajuda, em 1784, mas desejava mudar-se para um lugar mais importante. Neste ano, nasceu Simão, o penúltimo dos seus filhos. Sempre gracejado pela sorte, o juiz conseguiu então transferência para Vila Real, sua ambição suprema.

À distância de uma légua de Vila Real estava toda a nobreza da vila à espera do seu conterrâneo. Cada família tinha sua liteira, meio de transporte comum guiado por cavalos, com o brasão da respectiva casa. A dos Correia de Mesquita era do modelo mais antiquado; e as vestes dos criados, as mais usadas e desgastadas que figuravam na comitiva.

D. Rita, avistando a fila das liteiras, ajustou ao olho direito a sua grande luneta de ouro, e disse:

— Ó Meneses, o que é aquilo?

— São os nossos amigos e parentes que nos vêm esperar.

— Em que século estamos nós nesta montanha? — disse a dama do paço.

— Em que século? O século tanto é dezoito aqui como em Lisboa.

— Ah! Sim? Julgo que o tempo aqui parou no século doze...

Por alguma razão, o marido achou que devia rir do gracejo, apesar de aquilo não o lisonjear grandemente.

Fernão Botelho, pai do juiz de fora, pôs-se à frente da procissão para dar a mão à nora, que saía da liteira, e a conduzir até a casa. D. Rita, antes de ver a cara do sogro, contemplou suas fivelas de aço e os metais da sela com olho armado. Disse ela depois que os fidalgos de Vila Real andavam mais imundos que os carvoeiros de Lisboa. Antes de entrar na antiga liteira do sogro, perguntou, com a mais falsa seriedade, se não haveria risco em ir dentro daquela antiguidade. Fernão Botelho assegurou à nora de que a liteira não tinha ainda cem anos, e que os cavalos não excediam os trinta.

O modo altivo com que ela recebeu as cortesias da nobreza — a velha nobreza que fora para lá nos tempos do rei D. Dinis, fundador da vila — fez com que o mais novo daquele grupo de empregados, que só tinha doze anos, me contasse depois: "Sabíamos que aquela mulher foi dama de companhia de D. Maria I; porém, com a soberba com que nos tratou, seria de imaginar que estávamos diante da própria rainha".

Tocaram os sinos da terra, quando a comitiva passou pela igreja da Senhora de Almodena. D. Rita disse ao marido que o som dos sinos era o mais estrondoso e barato que já tinha ouvido.

Pararam à porta da velha casa de Fernão Botelho. D. Rita passou os olhos pela fachada do edifício e disse para si mesma: "Que bonito chiqueiro para quem foi criada nos palácios de Mafra e Sintra, da Bemposta e de Queluz".

Decorridos alguns dias, D. Rita disse ao marido que tinha medo de vir a ser devorada por ratazanas; que aquela casa era um covil de feras; que o teto estava prestes a desabar; que as paredes não resistiriam ao inverno; que o quarto e a cama do casal obrigavam a morrer de frio uma esposa delicada e afeita às almofadas do palácio dos reis.

Domingos Botelho conformou-se com a estremecida companheira e mandou construir um palacete. Escassamente lhe chegavam os recursos para os alicerces, mas escreveu à rainha e obteve um generoso subsídio com que acabou de construir a casa. As varandas foram a última dádiva que a viúva real fez à sua dama de companhia. A dádiva talvez seja um testemunho, até agora inédito, da demência da Senhora D. Maria I.

Domingos Botelho mandara esculpir em Lisboa brasão de armas numa rocha; D. Rita, porém, teimara que no escudo estivessem também as de sua família, mas era tarde, porque a obra já tinha vindo do escultor, e o magistrado não podia com a segunda despesa, nem queria desgostar o pai, orgulhoso do seu brasão. A casa, então, acabou ficando sem um brasão de armas, e D. Rita saiu vitoriosa.*

O juiz de fora tinha ali parentes ilustres. O aprumo da fidalga dobrou-se ante as grandes personalidades da província, ou talvez eles tenham sido levantados até ela. D. Rita tinha uma corte de primos, uns que se contentavam em ser primos, outros que invejavam a sorte do seu marido. O mais audacioso não ousava olhar o rosto dela, quando o mirava com a luneta com tanta altivez e zombaria que não seria incorreto dizer que a luneta de Rita Preciosa era a mais vigilante sentinela da sua virtude.

Domingos Botelho desconfiava da eficácia dos merecimentos próprios para cabalmente encher o coração da sua mulher. Inquietava-o o ciúme; mas sufocava os suspiros, receando que Rita ficasse injuriada com a suspeita. E estaria certa de se ofender. A neta do general frito no caldeirão ria dos primos, que, por amor a ela, se eriçavam e empoavam a cabeleira com esmero pouco gracioso, e cavaleavam ruidosamente na calçada em seu cavalo, fingindo que os treinadores de animais da província não desconheciam as graças hípicas do marquês de Marialva.

Não pensava assim, porém, o juiz de fora. E o causador da intriga era o espelho. Via-se sinceramente feio, e via a Rita cada vez mais bela, e mais enfadada na intimidade. Não encontrava na história antiga nenhum exemplo de amor duradouro entre um esposo disforme e uma esposa linda. Um só lhe mortificava a memória, e, embora fosse uma fábula, não lhe agradava: o casamento de Vênus e Vulcano. Lembravam-lhe as redes que o ferreiro coxo fabricava para apanhar os deuses adúlteros, e assombrava-se da paciência daquele marido. Para si mesmo, dizia ele que, erguido o véu da traição, nem se queixaria a Júpiter, nem armaria ratoeiras aos primos. Além do bacamarte de Luís Botelho, que deixara em vida o alferes, estava uma fileira de armas sobre as quais demonstrava inteligência muito superior à que revelava na compreensão dos códigos e da legislação do Reino.

---

* Nota do autor: A referida casa depois passou a ser conhecida como o palacete da rua da Piedade, pertencendo ao dr. Antônio Gerardo Monteiro.

Este viver de sobressaltos durou seis anos, talvez mais. O juiz de fora suplicou a seus amigos a transferência, e conseguiu mais do que ambicionava: foi nomeado provedor da cidade de Lamego. Rita Preciosa deixou saudades em Vila Real, e duradoura memória da sua soberba, formosura e graça de espírito. O marido também deixou anedotas que ainda hoje se repetem. Contarei somente duas para não enfadar. Acontecera de um lavrador mandar-lhe de presente uma bezerra bem jovem, e para que o filhote fosse sem luta, mandou acompanhando também a vaca, mãe do animal. Assim que viu as duas, Domingos Botelho mandou recolher a bezerra e a vaca, dizendo que quem dava a filha dava a mãe, e com essa o lavrador nunca mais viu sua vaca. Noutra ocasião, mandaram-lhe de presente uns pastéis numa rica travessa de prata. O juiz de fora repartiu os pastéis entre alguns rapazes de rua, e mandou guardar a travessa, tomando-a como o presente e os doces, como ornamentos. É por isso que ainda hoje, em Vila Real, quando acontece um caso semelhante de alguém ficar tanto com o conteúdo e o continente, diz a gente da terra: "Aquele é como o doutor Brocas".

Não tenho outras informações em detalhes da vida do provedor na cidade de Lamego. Escassamente sei que D. Rita aborrecia a comarca e ameaçava o marido de voltar com os seus cinco filhos para Lisboa, se ele não saísse daquela intratável terra. Parece que a fidalguia de Lamego, em todo o tempo orgulhosa da sua própria origem e antiguidade, desdenhou a postura presunçosa da dama do paço, e foi descobrir certas histórias vergonhosas da família dos Botelho Correia de Mesquita, como o fato de o provedor ter vivido dois anos em Coimbra a tocar flauta.

Em 1801, Domingos José Correia Botelho de Mesquita tornou-se corregedor em Viseu.

Manuel, o mais velho dos seus filhos, aos vinte e dois anos, frequenta o segundo ano jurídico. Simão, com quinze, estuda humanidades em Coimbra. As três meninas são o prazer e a vida do coração da sua mãe.

O filho mais velho escreveu ao pai queixando-se de não poder continuar a viver com o seu irmão, com medo do seu gênio sanguinário. Conta que a cada passo que dá se vê ameaçado de vida, porque Simão gasta em pistolas o dinheiro que devia ser para os livros, convive com os mais famosos perturbadores da academia, e corre de noite pelas ruas a insultar os habitantes, provocando-os à luta. O corregedor admira a bravura do filho Simão, e diz à consternada mãe que o rapaz é a figura e o gênio do seu bisavô Paulo Botelho Correia, o mais valente fidalgo que alguma vez houve em Trás-os-Montes.

Manuel, cada vez mais envergonhado com os violentos atos de Simão, sai de Coimbra antes das férias e vai a Viseu pedir ao pai que lhe dê outro destino. D. Rita quer que o filho seja cadete de cavalaria. De Viseu, parte então Manuel Botelho para Bragança, entrando para a nobre escola dos quatro costados para ser cadete.

No entanto, Simão volta a Viseu com os exames feitos e aprovados. O pai maravilha-se do talento do filho, e desculpa-o da extravagância por amor do talento. Pede-lhe explicações pela zanga com Manuel, e ele responde apenas que o irmão o queria forçar a viver monasticamente.

Aos quinze anos, Simão tem aparência de vinte. É forte de compleição; belo homem com as feições da mãe; mas com gênio difícil. Entre os simples de Viseu é que ele escolhe os amigos e companheiros. Se D. Rita lhe censura a indigna eleição que faz, Simão zomba das genealogias, principalmente com o general Caldeirão, que morreu frito. Bastou isso para ele ganhar o desgosto e a aversão da mãe. O corregedor via as coisas pelos olhos da mulher, e tomou parte no desgosto dela, e na aversão ao filho. As irmãs temiam-no, menos Rita, a mais nova, com quem ele brincava de forma inocente, e a quem obedecia, se ela lhe pedia, com meiguices de criança, que não andasse com más companhias.

Estavam a terminar as férias quando o corregedor teve um grande dissabor. Um dos seus criados tinha ido levar os cavalos a beber, e, por descuido ou de propósito, deixou quebrar alguns cântaros, vasilhas de água que estavam no parapeito do chafariz. Os donos das vasilhas partidas conjuraram contra o criado e espancaram-no. Simão, que passava por ali nessa altura, armado de um pau que descravou de um carro, partiu muitas cabeças, e rematou o trágico espetáculo quebrando o resto dos cântaros que restavam. Os que estavam presentes e intactos fugiram apavorados e ninguém se atreveu a enfrentar o filho do corregedor; os feridos, porém, juntaram-se e foram clamar justiça à porta do magistrado.

Domingos Botelho zangou-se com o filho e ordenou ao oficial de justiça que o prendesse por sua ordem. D. Rita, não menos irritada, mas mais irritada como uma mãe que protege as crias, mandou, por portas travessas, dinheiro ao filho para que ele, sem se deter, fugisse para Coimbra, e esperasse lá o perdão do pai.

O corregedor, quando soube da ação da esposa, fingiu-se zangado, e prometeu mandar capturá-lo em Coimbra. Como, porém, D. Rita lhe chamasse "brutal nas suas vinganças" e "estúpido juiz de uma rapaziada", o magistrado desfez o ar severo da testa, e confessou tacitamente que era um juiz bruto e estúpido.

Capítulo II

Simão Botelho levou de Viseu para Coimbra arrogantes convicções da sua valentia. Recordava-se dos valentes pormenores da derrota que impusera a trinta mercenários, o som oco das pancadas, a queda atordoada deste, o levantar-se daquele, ensanguentado, a paulada que deu a três de uma vez, o esmurrar de dois, a gritaria de todos, e o partir dos cântaros no fim... Simão deliciava-se nessas lembranças, como ainda não se viu em nenhum drama, em que o veterano de cem batalhas relembra os louros de cada uma, e esmorece no fim, cansado de espantar, quando não estafar, os ouvintes.

O acadêmico, porém, com os seus entusiasmos, era incomparavelmente muito mais prejudicial e perigoso que qualquer valentão das histórias. As recordações incentivavam-no a façanhas novas, e naquele tempo a academia dava oportunidade a elas. A mocidade estudiosa, em grande parte, simpatizava com as balbuciantes teorias da liberdade, mais por sentimento que por estudo. Os apóstolos da Revolução Francesa não conseguiram fazer rebombar o trovão dos seus clamores neste canto da Europa; mas os livros dos enciclopedistas, as fontes onde a geração seguinte bebera o veneno que saiu do sangue de 1793, não eram de todo ignorados. As doutrinas da regeneração social pela guilhotina tinham alguns tímidos seguidores em Portugal, e esses é que deviam pertencer à geração nova. Além de que o rancor à Inglaterra crescia nas entranhas das classes trabalhadoras, e o desprender-se do cordão humilhante, apertado, desde o princípio do século anterior, com os acordos ruins e tratados desiguais, estava no ânimo de muitos e bons portugueses que preferiam, antes, uma aliança com a França. Estes eram os pensadores reflexivos; os seguidores da academia, porém, exprimiam mais a paixão da novidade que as doutrinas do raciocínio.

No ano anterior de 1800, saíra Antônio de Araújo de Azevedo, depois conde da Barca, a negociar em Madri e Paris a neutralidade de Portugal. Rejeitaram-lhe as potências aliadas as propostas, de nada servindo os dezesseis milhões que o diplomata ofereceu ao primeiro-cônsul. Em pouquíssimo tempo, o território português foi infestado pelos exércitos de Espanha e França.

As nossas tropas, comandadas pelo duque de Lafões, não chegaram sequer a travar uma luta desigual, porque a esse tempo Luís Pinto de Sousa, mais tarde visconde de Balsemão, negociara uma vergonhosa paz em Badajoz, com a cessão de Olivença à Espanha, a retirada dos ingleses dos nossos portos, e a indenização de alguns milhões à França.

Esses acontecimentos tinham provocado a alguns o ódio à Napoleão, e a outros isso os fez congratularem-se pelo rompimento com a Inglaterra. Entre os deste grupo, na convulsiva e irrequieta academia, era voto de grande convicção de Simão Botelho, apesar dos seus imberbes dezesseis anos. Mirabeau, Danton, Robespierre, Desmoulins, e muitos outros sábios e mártires de grande porte, eram nomes que soavam como música aos ouvidos de Simão. Difamá-los na sua presença era afrontá-lo, e motivo para bofetadas ou pistolas engatilhadas à cara do difamador. O filho do corregedor de Viseu defendia que Portugal devia regenerar-se num batismo de sangue, para que a hidra dos tiranos não erguesse mais uma das mil cabeças sob a clava do Hércules popular.

Esses discursos, retirados de alguns textos clandestinos do revolucionário francês Saint-Just, afugentavam da sua companhia mesmo aqueles que o tinham aplaudido nos mais racionais princípios de liberdade. Simão Botelho tornou-se odioso aos companheiros de estudo, que, para se salvarem da infâmia, delataram-no ao bispo-conde, reitor da universidade.

Um dia, proclamava o demagogo acadêmico na praça Sansão aos poucos ouvintes que lhe permaneciam fiéis, uns por medo, outros por gosto. O discurso ia no ponto mais fervoroso da ideia regicida, quando uma escolta de guardas de Coimbra lhe apagou a incandescência. Quis o orador resistir, agarrando as pistolas, mas caíram-lhe em cima os muitos braços musculosos da guarda do reitor. O jacobino, desarmado e cercado pela escolta dos guardas, foi levado ao cárcere acadêmico, de onde saiu seis meses depois, pelas grandes instâncias dos amigos do seu pai e dos parentes de D. Rita Preciosa.

Perdido o ano letivo, Simão foi para Viseu. O corregedor repeliu-o da sua presença com ameaças de expulsá-lo de casa. A mãe, mais levada pelo dever que pelo coração, intercedeu pelo filho e conseguiu sentá-lo à mesa comum.

No espaço de três meses, notou-se uma maravilhosa mudança nos costumes de Simão. Desprezou as companhias da ralé e raras vezes saía de casa, ou só, ou com a irmã mais nova, a sua predileta. O campo, as árvores, os sítios mais sombrios e os ermos eram o seu recreio. Nas doces noites de verão, demorava-se a passear até o amanhecer. Aqueles que assim o viam admiravam seu ar pensador e o recolhimento que o sequestrava da vida vulgar. Em casa, encerrava-se no seu quarto, e saía quando o chamavam para a mesa.

D. Rita pasmava da transformação, e o marido, bem convencido dela, ao fim de cinco meses, consentiu que o filho lhe dirigisse a palavra.

Simão Botelho estava... apaixonado. Aí está uma palavra única, explicando a aparentemente absurda reforma aos dezessete anos.

Simão desenvolvera uma paixão pela vizinha, menina de quinze anos, rica herdeira, regularmente bonita e bem-nascida. Da janela do seu quarto é que ele a vira a primeira vez, para amá-la para sempre. Não ficara ela ilesa da ferida que fizera no coração do vizinho: amou-o também, e com mais seriedade que a usual nos seus anos.

Os poetas cansam-nos a paciência a falarem do amor da mulher aos quinze anos como paixão perigosa, única e inflexível. Alguns prosadores de romances dizem o mesmo. Enganam-se ambos. O amor aos quinze anos é uma brincadeira: é a última manifestação do amor às bonecas; é a tentativa da avezinha que ensaia o voo fora do ninho, sempre com os olhos fitos na ave-mãe, que está por perto a chamar por ela: tanto sabe a primeira o que é amar muito, como a segunda o que é voar para longe.

Teresa de Albuquerque devia ser, porventura, uma exceção no seu amor.

O magistrado e a sua família eram odiados pelo pai de Teresa, por motivos de processos judiciais, em que Domingos Botelho proclamou sentenças contra eles. Para além disso, ainda no ano anterior, dois criados de Tadeu de Albuquerque tinham sido feridos na celebrada pancadaria da fonte. É, pois, evidente que o amor de Teresa, abdicando do dever de humildemente sacrificar-se ao justo rancor do pai, era verdadeiro e forte.

E esse amor era singularmente discreto e cauteloso. Viram-se e falaram-se durante três meses, sem fazer desconfiar a vizinhança, nem sequer dar suspeitas às duas famílias. O destino, que ambos se prometiam, era o mais honesto: ele ia formar-se para poder sustentá-la, se não tivessem outros recursos; ela esperava que o velho pai falecesse para, senhora de si, dar-lhe, com o coração, o seu grande patrimônio.

Espanta discrição tamanha na índole de Simão Botelho, e na presumível ignorância de Teresa sobre as coisas materiais da vida, como os patrimônios!

Na véspera da sua nova ida para Coimbra, estava Simão Botelho despedindo-se da suspirosa menina quando ela foi subitamente arrancada da janela. O alucinado rapaz ouviu gemidos daquela voz que, momentos antes, soluçava comovida por lágrimas de saudade. O sangue na cabeça ferveu; ele contorceu-se no seu quarto como o tigre contra as grades inflexíveis da jaula. Teve tentações de se matar, na impotência de socorrê-la. Passou as restantes horas daquela noite em raivas e projetos de vingança. Com o amanhecer seu sangue esfriou, e renasceu a esperança com os cálculos.

Quando o chamaram para partir para Coimbra, ergueu-se da cama de tal modo desfigurado que a sua mãe, olhando para o seu rosto amargurado, foi ao quarto interrogá-lo e dissuadi-lo de ir enquanto estivesse febril. Simão, porém, entre mil projetos, achara melhor o de ir para Coimbra, esperar lá notícias de Teresa, e vir às escondidas a Viseu falar com ela. Ajuizadamente concluíra ele que a sua demora agravaria a situação de Teresa.

Descera o acadêmico ao pátio, depois de abraçar a mãe e as irmãs, e beijar a mão do pai, que para esta hora reservara uma repreensão severa, a ponto de lhe garantir que de todo o abandonaria se ele caísse em novas extravagâncias. Enquanto metia o pé no estribo, viu ao seu lado uma velha mendiga, estendendo-lhe a mão aberta, como quem pede esmola, com um pequeno papel na palma da mão. O rapaz sobressaltou-se; a poucos passos distante da sua casa, leu estas linhas:

O meu pai diz que vai me encerrar num convento por tua causa. Sofrerei tudo por amor a ti. Não me esqueças, e vais me achar no convento, ou no Céu, sempre tua e sempre leal. Parte para Coimbra. Para lá irão minhas cartas e na primeira te direi em que nome hás de responder à tua pobre Teresa.

A mudança do estudante maravilhou a academia. Se não o viam nas aulas, não o viam em parte nenhuma. Das antigas relações restavam-lhe apenas as dos companheiros sensatos que o aconselhavam para bem, e tinham-no visitado no cárcere de seis meses, dando-lhe alentos e recursos, que o pai não lhe dava e a mãe escassamente fornecia. Estudava com fervor, como quem já dali formava as bases do futuro de renome e da posição por ele merecida o bastante para sustentar dignamente a esposa. A ninguém confiava o seu segredo, senão às cartas que enviava a Teresa, longas cartas em que folgava o espírito da tarefa da ciência. A apaixonada menina respondeu-lhe e disse-lhe que a ameaça do convento fora um mero susto de que já não tinha medo, porque o pai não podia viver sem ela.

Isso animou-o a se dedicar mais ao estudo. Simão, chamado em pontos difíceis das matérias do primeiro ano, tal conta deu de si, que os docentes e os colegas o elegeram como primeiro premiado.

A este tempo, Manuel Botelho, cadete em Bragança, destacado no Porto, licenciou-se para estudar na universidade as matemáticas. Animou-o a notícia da reviravolta que se dera no irmão. Foi viver com ele; achou-o quieto; mas absorto numa ideia que o tornava um ermitão intratável. Pouco tempo conviveram, sendo a causa da separação um desgraçado amor de Manuel Botelho por uma açoriana casada com um acadêmico. A esposa apaixonada perdeu-se nas ilusões do cego amante. Deixou o marido e fugiu com ele para Lisboa, e daí para a Espanha. Numa outra parte desta narrativa, darei conta do remate desse episódio.

No mês de fevereiro de 1803, recebeu Simão Botelho uma carta de Teresa. E descreverei minuciosamente a peripécia que forçara a filha de Tadeu de Albuquerque a escrever aquela carta de dolorosa surpresa para o acadêmico, convertido aos deveres, à honra, à sociedade e a Deus pelo amor.

Capítulo III

O pai de Teresa não aceitaria a impureza do sangue do corregedor e não concordaria com o casamento dos dois jovens. O magistrado persistia no rancor ao seu vizinho, e o vizinho atacava a reputação do magistrado, dizendo que aceitava vantagens indevidas ao cargo. Ele sabia da injuriosa vingança em que o outro lhe ia desafrontando; fingia-se invulnerável ao menosprezo; mas a cada dia sua bílis azedava; e é de crer que, se o não contivessem as considerações à família, sofreria menos, desabafando pela boca de um bacamarte, a arma preferida dos Botelho Correia de Mesquita. Seria impossível reconciliarem-se.

Rita, a filha mais nova, estava um dia na janela do quarto de Simão e viu a vizinha à janela com as mãos apoiadas na testa. Sabia Teresa que aquela menina era a mais querida irmã de Simão, e a que mais se parecia com ele. Saiu da sua artificial indiferença e respondeu ao cumprimento de Rita, sorrindo e fazendo-lhe com a mão um gesto. A filha do corregedor sorriu também, mas fugiu logo da janela, porque a mãe tinha proibido as filhas de terem relações com pessoas daquela casa.

No dia seguinte, à mesma hora, levada pela simpatia que lhe causara aquele gesto de amizade, voltou Rita à janela, e lá viu Teresa com os olhos fitos nos seus, como se estivesse à sua espera. Sorriram-se com resguardo, afastando-se do peitoril das janelas; e assim ambas de pé, no interior dos quartos, estiveram a contemplar-se. Como a rua era estreita, podiam ouvir-se, falando baixo. Teresa, mais pelo movimento dos lábios que por palavras, perguntou a Rita se era sua amiga. A menina respondeu com um gesto afirmativo e fugiu, acenando-lhe um adeus. Esses rápidos instantes de se verem repetiram-se sucessivos dias, até que, perdido o maior medo de ambas, ousaram demorar-se em palestras a meia-voz. Teresa falava de Simão, contava à menina de onze anos o segredo do seu amor e dizia-lhe que ela ainda haveria de ser sua irmã, recomendando-lhe muito que não dissesse nada à sua família.

Numa dessas conversas, Rita descuidou-se e levantou de tal modo a voz que foi ouvida por uma sua irmã, que foi logo contar ao pai. O corregedor chamou Rita e forçou-a pelo medo a contar tudo o que ouvira da vizinha. Tanta foi a sua cólera que sem atender às razões da esposa, que viera espavorida ao ouvir os gritos dele, correu ao quarto de Simão e viu ainda Teresa à janela.

— Olá! — disse ele à pálida menina. — Não tenha a confiança de pôr os olhos em ninguém da minha casa. Se quer casar, case com um sapateiro, que é um digno genro de seu pai.

Teresa não ouviu o remate do brutal discurso: tinha fugido aturdida e envergonhada. Porém, como o rude corregedor ficou a gritar no quarto, Tadeu de Albuquerque correu para uma janela e a cólera do doutor redobrou. A torrente das injúrias, há muito tempo represada, bateu no rosto do vizinho, que não ousou replicar.

Tadeu interrogou a filha, e acreditou que a razão da zanga de Domingos Botelho foi de estarem as duas meninas a falar inocentemente, por trejeitos, em coisas da sua idade. Desculpou o velho a criancice de Teresa, ordenando-lhe que não voltasse àquela janela.

Essa atitude calma do fidalgo, cuja postura natural era bravia, tem a sua explicação no projeto que delineara: casar a filha com seu primo Baltasar Coutinho de Castro D'aire, senhor de fortuna e nobre da mesma linhagem. Pensava o velho, presunçoso, ser um conhecedor do coração das mulheres. Pensava ele que a brandura seria o mais seguro expediente para levar a filha ao esquecimento daquele pueril amor a Simão. Era uma máxima sua que o amor, aos quinze anos, carece de consistência para sobreviver a uma ausência de seis meses. Não pensava errado o fidalgo, mas o erro existia. As exceções têm sido o engano dos mais ajuizados pensadores, tanto no especulativo como no experimental. Não era tanto que Tadeu de Albuquerque estivesse errado em coisas de amor e coração de mulher, cujas variantes são tantas e tão caprichosas, que eu não sei se alguma máxima pode ser-nos guia, a não ser esta: "Em cada mulher há quatro mulheres incompreensíveis, pensando alternadamente como hão de desmentir umas às outras". Isso é o mais seguro; mas mesmo assim não é infalível. Aí está Teresa que parece ser única em si. Seria possível dizer que aos quinze anos as quatro não podem coexistir? Penso assim, posto que a fixidez, a constância daquele amor, está fundada em causa independente do coração: Teresa não vai à sociedade, não tem um altar a cada noite na sala, não provou o incenso de outros galãs, nem teve ainda uma hora para comparar a imagem amada, embaçada pela ausência, com a imagem amante, amor nos olhos que a fitam, e amor nas palavras que a convencem de que há um coração para cada homem, e uma só juventude para cada mulher. Quem me diz que Teresa teria em si as quatro mulheres da máxima se o vapor de quatro incensórios lhe estonteasse o espírito? Não é fácil nem é preciso decidir. Vamos ao conto.

Acerca de Simão Botelho, Tadeu de Albuquerque nunca proferiu uma palavra diante da sua filha, nem antes nem depois do disparate do corregedor. O que ele fez foi chamar a Viseu, o sobrinho de Castro D'aire e contar-lhe o seu desígnio, para que ele, ao pé de Teresa, procedesse como convinha a um enamorado de feição, e mutuamente se apaixonassem e prometessem um auspicioso futuro ao casamento.

Por parte de Baltasar Coutinho, a paixão inflamou-se tão depressa quanto o coração de Teresa se congelou de terror e repugnância. O primogênito de Castro D'aire atribuiu a frieza da sua prima à modéstia, à inocência e ao acanhamento. Lisonjeou-se do virginal recato daquela alma, e saboreou de antemão o prazer de uma lenta, mas segura, conquista. Verdade é que Baltasar nunca lhe expôs as suas intenções de modo que Teresa lhe desse resposta decisiva; um dia, porém, instigado pelo tio, afoitou-se o afortunado noivo a falar assim à melancólica menina:

— É tempo de lhe abrir o meu coração, prima. Está bem-disposta a ouvir-me?

— Eu estou sempre bem-disposta a ouvi-lo, primo Baltasar.

O desdém aborrecido dessa resposta abalou por algum tempo as convicções do fidalgo a respeito da inocência, da modéstia e do acanhamento da prima. Ainda assim, quis ele no momento persuadir-se de que a boa vontade não poderia exprimir-se doutro modo, e continuou:

— Os nossos corações, penso eu, estão unidos; agora é preciso que as nossas casas se unam também.

Teresa empalideceu, e baixou os olhos.

— Acaso lhe disse eu alguma coisa desagradável? — prosseguiu Baltasar, rebatido pela desfiguração de Teresa.

— Disse-me o que é impossível fazer-se — respondeu ela sem perturbação. — O primo engana-se: os nossos corações não estão unidos. Sou muito sua amiga, mas nunca pensei em ser a sua esposa, nem me pareceu que o primo pensasse em tal coisa.

— Quer dizer que a aborreço, prima Teresa? — atalhou, depressa, o primogênito.

— Não, senhor: já lhe disse que o estimo muito, e por isso mesmo não devo ser esposa de um amigo a quem não posso amar. A infelicidade não seria só minha...

— Muito bem. Posso eu saber — disse com refalsado sorriso o primo — quem é que disputa comigo o coração da minha prima?

— Que lucra em saber?

— Lucro em saber, pelo menos, que a minha prima ama outro homem. É exato?

— É.

— É com tamanha paixão que desobedece ao pai?

— Não desobedeço: o coração é mais forte que a submissa vontade de uma filha. Desobedeceria se casasse contra a vontade do meu pai; mas eu não disse ao primo Baltasar que casava; disse-lhe unicamente que amava.

— Saiba a prima que estou espantado com o seu modo de falar! Quem pensaria que os seus dezesseis anos estavam tão abundantes de palavras!

— Não são só palavras, primo — retorquiu Teresa com gravidade —, são sentimentos que merecem a sua estima, por serem verdadeiros. Se eu lhe mentisse, ficaria mais bem-vista aos olhos do meu primo?

— Não, prima Teresa; fez bem em dizer a verdade, e em tudo. Não quer me dizer quem é o afortunado mortal da sua preferência?

— Que importância tem saber isso?

— Muita, prima; todos temos a nossa vaidade, e eu gostaria muito de me ver vencido por quem tem merecimentos que eu não tenho aos seus olhos. Teria a bondade de me dizer o seu segredo, se tivesse o seu primo Baltasar em conta como seu amigo íntimo?

— Nessa conta é que eu não o posso ter... — respondeu Teresa, sorrindo e pausando, como ele, a cada sílaba.

— Pois nem para amigo me quer?

— O primo não há de perdoar minha sinceridade, e será de hoje em diante meu inimigo.

— Pelo contrário — disse ele com mal disfarçada ironia —, muito pelo contrário. Hei de provar que sou seu amigo se algum dia a vir casada com algum miserável indigno de minha prima.

— Casada... — interrompeu ela. Baltasar cortou-lhe logo a réplica desse modo:

— Casada com algum famoso bêbado ou jogador de pau, valentão de aguadeiros, distinto cavaleiro, que passa os anos letivos encarcerado nas cadeias de Coimbra.

Claro que Baltasar Coutinho conhecia o segredo de Teresa. O seu tio, naturalmente, lhe comunicara a criancice da prima, talvez antes de destiná-la a ele.

Teresa ouviu o tom sarcástico daquelas palavras, e ergueu-se respondendo com altivez:

— Tem algo mais a dizer, primo Baltasar?

— Tenho, prima; queira sentar-se algum tempo mais. Não pense agora que está a falar com o namorado infeliz: convença-se de que fala com o seu parente mais próximo, o seu mais sincero amigo e mais decidido guarda da sua dignidade e fortuna. Eu sabia que a minha prima, contra a expressa vontade do pai, uma ou outra vez conversara da janela com o filho do corregedor. Não dei valor ao sucedido, e tomei-o como brincadeira própria da sua idade. Quando frequentei o meu último ano em Coimbra, há dois anos, conheci de sobra esse Simão Botelho. Quando voltei, e contaram-me a sua afeição pelo acadêmico, pasmei-me pelo mau juízo da priminha; depois entendi que a sua mesma inocência devia ser o seu anjo da guarda. Agora, como seu amigo, espanta-me vê-la ainda fascinada pela perversidade do seu vizinho. Não se recorda de ter visto Simão Botelho amigado com a ínfima vilanagem desta terra? Não viu os seus criados com as cabeças quebradas pelo tal varredor de feiras? Não lhe contaram que ele, em Coimbra, abarrotado de vinho, andava pelas ruas armado como um salteador de estradas, proclamando à escória a guerra aos nobres e aos reis, e à religião dos nossos pais? A prima ignoraria isso porventura?

— Ignorava parte disso, e não me aflige sabê-lo. Desde que conheci Simão, não me consta que ele tenha dado o menor desgosto à família, nem ouço falar mal dele.

— E está por isso persuadida de que Simão deve ao seu amor a reforma de costumes?

— Não sei, nem penso nisso — respondeu com enfado Teresa.

— Não se zangue, prima. Vou-lhe dizer as minhas últimas palavras: enquanto viver, eu hei de trabalhar por salvá-la das garras de Simão Botelho. Se o seu pai lhe faltar, fico eu. Se as leis não a defenderem dos ataques do seu demônio, eu farei o valentão ver que a vitória dos aguadeiros não o poupa ao desgosto de ser levado a pontapés para fora da casa do meu tio Tadeu de Albuquerque.

— Então o primo quer me governar!? — atalhou ela com grave irritação.

— Quero-a dirigir enquanto a sua razão precisar de auxílio. Tenha juízo, e eu serei indiferente ao seu destino. Não a enfado mais, prima Teresa.

Baltasar Coutinho foi dali procurar o tio, e contou-lhe o essencial do diálogo. Tadeu, atônito com a coragem da filha e ferido no coração e nos direitos paternais, correu ao quarto dela, disposto a espancá-la. Reteve-o Baltasar, vendo que a violência prejudicaria muito a crise, sendo de esperar que Teresa fugisse de casa. Refreou o pai a sua ira, e meditou. Horas depois chamou a filha, mandou-a sentar ao pé de si e, em termos serenos e gesto bem-composto, disse-lhe que era a sua vontade casá-la com o primo; porém, que ele já sabia que a vontade da filha não era essa. Jurou que não bateria nela, mas também não consentiria que Teresa, esfregando os pés na honra do pai, se desse de coração ao filho do seu maior inimigo. Disse ainda que ele estava caminhando para a sepultura, e que mais depressa desceria a ela, perdendo o amor da filha, que ele considerava morta. Terminou perguntando a Teresa se ela não admitiria entrar num convento, e aí esperar que o pai morresse, para depois ser desgraçada à sua vontade.

Teresa respondeu, a chorar, que entraria num convento, se essa era a vontade do pai; porém, que não se privasse da companhia dela, nem a privasse dos seus afetos, com medo de que praticasse alguma ação indigna, ou lhe desobedecesse no que era virtude obedecer.

Prometeu-lhe julgar-se morta para todos os homens, menos para o pai.

Tadeu ouviu-a, e não lhe respondeu.

Capítulo IV

O coração de Teresa mentia. Vão lá pedir sinceridade ao coração!

Para finos entendedores, o diálogo anterior definiu a filha de Tadeu de Albuquerque. É uma mulher corajosa, tem força de caráter, orgulho fortalecido pelo amor, desapego das vulgares apreensões, se são apreensões a renúncia que uma filha fez do seu arbítrio às imprevidentes e caprichosas vontades do pai. Diz boa gente que não, e eu concordo sempre com o voto da gente boa. Não será calúnia atribuir-lhe um pouco de astúcia, ou hipocrisia, se quiserem; perspicácia seria mais correto dizer. Teresa adivinha que a lealdade tropeça a cada passo na estrada real da vida, e que os melhores fins se atingem por atalhos onde não cabem a franqueza e a sinceridade. Esses ardis são raros na idade inexperiente de Teresa; mas a mulher do romance quase nunca é trivial, e esta, pelo que rezam os meus apontamentos, era distintíssima. A mim basta para crer na sua distinção a celebridade que ela veio a ganhar à conta da desgraça.

Da carta que ela escreveu a Simão Botelho, contando as cenas descritas, a crítica deduz que a menina de Viseu ganhava tempo com o pai, pondo a mira no futuro, sem passar pelo dissabor do convento, nem romper com o velho em manifesta desobediência. Na narrativa que fez ao estudante, ela omitiu as ameaças do primo Baltasar, porque, se transmitidas, arrebatariam o rapaz de Coimbra, em quem não faltava coragem e bravura para enfrentá-lo.

Mas não é esta ainda a carta que surpreendeu Simão Botelho.

Parecia calmo o céu de Teresa. O pai não falava em claustro nem em casamento. Baltasar Coutinho voltara ao seu solar em Castro D'aire. A tranquila menina dava semanalmente estas boas-novas a Simão, que, aliando às venturas do coração as riquezas do espírito, estudava incessantemente, e passava as noites arquitetando o seu projeto de futura glória.

Ao romper da alvorada de um domingo de junho de 1803, Teresa foi chamada para ir com o pai à primeira missa da igreja paroquial. Vestiu-se a menina, assustada, e encontrou o velho na antecâmara a recebê-la com muito agrado, perguntando-lhe se ela tinha acordado de bons humores para dar a ele um resto de velhice feliz. O silêncio de Teresa era interrogador.

— Vais hoje casar com teu primo Baltasar, minha filha. É preciso que te deixes levar cegamente pela mão do teu pai. Logo que deres esse passo difícil, aprenderás que a tua felicidade é daquelas que precisam ser impostas pela violência. Mas repara, minha querida filha, que a violência de um pai é sempre amor. O amor tem sido a minha condescendência e brandura para contigo. Outro teria subjugado a tua desobediência com maus-tratos, com os rigores do convento, e talvez com o desfalque do teu grande patrimônio. Eu, não. Esperei que o tempo te aclarasse o juízo, e felicito-me por te julgar desassombrada do diabólico prestígio do maldito que acordou o teu inocente coração. Não te consultei outra vez sobre este casamento por temer que a reflexão fizesse mal ao zelo de boa filha com que tu vais abraçar o teu pai, e agradecer-lhe a prudência com que ele respeitou o teu gênio, velando sempre a hora de te encontrar digna do seu amor.

Teresa não tirou os olhos do pai; mas tão distraída estava que escassamente lhe ouviu as primeiras palavras, e nada das últimas.

— Não me respondes, Teresa? — disse Tadeu, tomando-lhe carinhosamente as mãos.

— Que hei de responder-lhe, meu pai? — balbuciou ela.

— Dás-me o que te peço? Enches de contentamento os poucos dias que me restam?

— E será o pai feliz com o meu sacrifício?

— Não digas sacrifício, Teresa. Amanhã a estas horas verás que transfiguração se fez na tua alma. O teu primo é um homem composto de todas as virtudes; nem a qualidade de ser um gentil rapaz lhe falta, como se a riqueza, a ciência e as virtudes não bastassem para formar um marido excelente.

— E ele me quer, depois de eu me ter negado? — disse ela com amargura irônica.

— Ele está apaixonado, filha! E tem bastante confiança nele mesmo para crer que tu hás de amá-lo muito!

— E não será mais certo eu odiá-lo sempre!? Agora mesmo o odeio como nunca pensei que se pudesse odiar ninguém, meu pai! — continuou ela, chorando, com as mãos erguidas. — Mate-me; mas não me force a casar com o meu primo! É desnecessária a violência, porque eu não caso!

Tadeu mudou de aspecto, e disse irado:

— Hás de casar! Quero que cases! Quero! Se não, serás amaldiçoada para sempre, Teresa! Morrerás num convento! Esta casa irá para o teu primo! Nenhum infame há de pôr um pé nos tapetes dos meus avós. Se és uma alma vil, não me pertences, não és minha filha, não podes herdar sobrenomes honrosos, que foram pela primeira vez insultados pelo pai desse miserável que tu amas! Maldita sejas! Entra nesse quarto, e espera que daí te arranquem para outro, onde não verás um raio de sol.

Teresa ergueu-se sem lágrimas, e entrou serenamente em seu quarto. Tadeu de Albuquerque foi ter com o sobrinho, e disse-lhe:

— Não te posso dar a minha filha, porque já não tenho filha. A miserável, a quem dei este nome, perdeu-se para nós e para ela.

Baltasar, que a juízo do tio era composto de excelências, tinha apenas uma falha: um excesso de orgulho. Malograda a tentativa do seu amor de emboscada, voltou para a sua terra, dizendo ao velho que ele o livraria do assédio que Simão Botelho tinha posto no coração da filha. Não aprovou a reclusão no convento, discorrendo sobre as hipóteses infames que a opinião pública inventaria. Aconselhou que a deixasse estar em casa, e esperasse que o filho do corregedor viesse de Coimbra.

Ponderaram no ânimo do velho as razões de Baltasar. Teresa maravilhou-se da quietação inesperada do pai, e desconfiou da incoerência. Escreveu a Simão. Nada lhe escondeu do sucedido; nem as ameaças de Baltasar por delicadeza suprimiu. Rematava comunicando-lhe as suas suspeitas de algum novo plano de violência.

O acadêmico, chegando ao período das ameaças, já não tinha clara luz nos olhos para decifrar o restante da carta. Tremia sem razão, e as artérias frontais arfavam entumecidas. Não era sobressalto do coração apaixonado: era a índole arrogante que lhe escaldava o sangue. Ir dali a Castro D'aire, e apunhalar o primo de Teresa na sua própria casa, foi o primeiro conselho da fúria do ódio. Nesse propósito saiu, alugou um cavalo, e foi se vestir para a jornada. Já preparado, cada minuto de espera assomava-se em frenesis. O cavalo demorou-se meia hora, e o seu bom anjo, neste espaço, vestido com as galas com que ele vestia na imaginação Teresa, deu-lhe repentes de saudade daqueles tempos e ainda das horas daquele mesmo dia em que insistia na felicidade que o amor lhe prometia, se ele a procurasse como homem honrado e já bem encaminhado no trabalho. Contemplou os seus livros com tanto afeto, como se em cada um estivesse uma página da história do seu coração. Ele não tinha lido nenhuma daquelas páginas sem que a imagem de Teresa lhe aparecesse a fortalecê-lo para vencer os tédios da continuada aplicação e os ímpetos de um natural inquieto, ansioso de emoções desusadas. "E há de tudo acabar assim?", pensava ele, com a face entre as mãos, encostado à sua mesa de estudo. "Ainda há pouco eu era tão feliz! Feliz!", repetiu ele, erguendo-se de repente. "Quem pode ser feliz com a desonra de uma ameaça impune? Mas eu perco-a! Nunca mais eu hei de vê-la. Fugirei como um assassino, e o meu pai será o meu primeiro inimigo, e ela mesma há de horrorizar-se com a minha vingança. Só ela ouviu a ameaça; e, se eu tivesse sido rebaixado no conceito de Teresa pelos insultos do miserável, talvez ela não os repetisse."

Simão Botelho releu a carta duas vezes, e à terceira leitura achou menos afrontosas as bravatas do fidalgo ciumento. As linhas finais desmentiam formalmente a suspeita do insulto, com que o seu orgulho o atormentava: eram expressões ternas, súplicas ao seu amor como recompensa dos passados e futuros desgostos, visões encantadoras do futuro, novos juramentos de constância, e sentidas frases de saudade.

Quando o tropeiro bateu à porta, Simão Botelho já não pensava em matar o homem de Castro D'aire; mas resolvera ir a Viseu, entrar de noite, esconder-se e ver Teresa. Faltava-lhe, porém, uma casa de confiança para se ocultar. Nas estalagens seria logo descoberto. Perguntou ao tropeiro se conhecia alguma casa em Viseu onde ele pudesse ficar escondido uma noite ou duas, sem receio de ser denunciado. O tropeiro respondeu que tinha, a um quarto de légua de Viseu, um primo ferrador; e não conhecia em Viseu senão os estalajadeiros. Simão achou aproveitável o parentesco do homem, e logo aí o presenteou com uma jaqueta de peles e uma faixa de seda escarlate, à conta de maiores valores prometidos, se ele o servisse bem num propósito relacionado ao amor.

No dia seguinte, chegou o acadêmico à casa do ferrador. O tropeiro deu conta ao seu parente do que tinha falado com o estudante.

Foi Simão Botelho cautelosamente hospedado, e o tropeiro seguiu para Viseu, com uma carta destinada a uma mendiga, que morava no mais impraticável beco da terra. A mendiga informou-se miudamente da pessoa que enviava a carta e saiu, mandando esperar o caminhante. Pouco depois, voltou ela com a resposta, e o tropeiro partiu a galope.

A resposta era um grito de alegria. Teresa não refletiu, respondendo a Simão que naquela noite se festejavam os seus anos, e se reuniam em casa os parentes. Disse-lhe que às onze horas em ponto ela iria ao quintal e lhe abriria a porta.

Não esperava tanto o acadêmico. O que ele pedia era falar-lhe da rua para a janela do seu quarto, e já receava ser impossível esse prazer. Apertar-lhe a mão, sentir-lhe o hálito, abraçá-la, talvez cometer a ousadia de um beijo, essas esperanças, tão além das suas modestas e honestas ambições, igualmente o entusiasmaram e assustaram. Entusiasmo e susto em corações que estreiam na comédia humana são sentimentos inatos.

À hora da partida, Simão tremia, e tentava vencer a timidez, sem saber que os encantos da vida, os mais angélicos momentos da alma, são esses lances de misterioso alvoroço que aos mais fracos de coração sucedem em todas as estações da vida, e a todos os homens, uma vez pelo menos.

Às onze horas em ponto, estava Simão encostado à porta do quintal, e à distância convencionada, o tropeiro com o cavalo à rédea. O som da música, que vinha das salas remotas, alvoroçava-o, porque a festa em casa de Tadeu de Albuquerque surpreendera-o. No longo termo de três anos, nunca ele ouvira música naquela casa. Mesmo sabendo que era o dia de anos de Teresa, espantou-se da estranha alegria daquelas salas, sempre fechadas como em dia de velório. Simão imaginou desvairadamente as quimeras que planavam, ora negras, ora translúcidas, em redor da fantasia apaixonada. Não há lógica racional para as belas, nem para as honrosas ilusões, quando o amor as inventa. Simão Botelho, com o ouvido colado à fechadura, ouvia apenas o som das flautas e as pancadas do coração sobressaltado.

Capítulo V

Baltasar Coutinho estava na sala, simulando vingativa indiferença pela prima. As irmãs do fidalgo e demais parentela da casa não deixavam Teresa respirar. Jovens e velhas, uma de cada vez, repetiam-se, aconselhando-a a reconciliar-se com o primo, e dar ao pai a alegria que o pobre velho tanto rogava a Deus antes de fechar os olhos. Replicava Teresa que não queria mal ao primo, nem sequer estava ressentida com ele; que era sua amiga, e seria sempre enquanto ele lhe deixasse livre o coração.

O velho esperava muito daquela noitada de festa. Alguns parentes, presumidos circunspectos, tinham-lhe dito que seria proveitoso regalar a filha com os prazeres congruentes à sua idade, dando-lhe oportunidade de repartir o espírito, concentrado num só ponto, por diversões em que a natural vaidade se preocupa, e a força do amor contrariado se vai a pouco e pouco quebrando. Aconselharam-no a fazer reuniões frequentes na sua casa com os parentes, para deste modo Teresa se mostrar a muitos, ser cortejada por todos, e mudar de opinião sobre o único homem que julgava superior a todos. O fidalgo concordou, mas com dificuldade, pois tinha um juízo diferente dos parentes; vivera trinta anos de vida libertina e dispendiosa, e estava agora a saborear a poupança e a quietação. Os anos de Teresa eram festejados, pela primeira vez, com estrondo. A jovem viu então o que eram aquelas festas da sociedade, e as brincadeiras que permitiam a interação naqueles tempos de diversões da juventude, sem fadiga do corpo, nem desagrado da moral.

Mas, de tão agitada que estava, Teresa não compartilhava do gozo dos seus hóspedes. Desde que soaram as dez horas daquela noite, a rainha da festa parecia tão alienada das finezas com que senhoras e homens a lisonjeavam, que Baltasar Coutinho reparou no desassossego da prima, e teve a modéstia de imaginar que ela se ofendera pela indiferença dele. Generoso até o perdão, o primogênito de Castro D'aire, compondo o rosto com um gesto grave e melancólico, dirigiu-se a Teresa e pediu-lhe desculpa pela frieza que disse ele ser como a das montanhas, que têm vulcões por dentro e neve por fora. Teresa teve a sinceridade de responder que não tinha reparado na frieza do primo, e chamou para junto dela uma menina, para evitar que a montanha se fendesse em vulcões. Pouco depois, ergueu-se e saiu da sala.

Eram dez horas e três quartos. Teresa correu ao fundo do quintal, abriu a porta, e, como não viu ninguém, voltou a correr para a sala. No momento, porém, de subir a escada que ligava o jardim à casa, Baltasar Coutinho, que a espiava desde que ela saíra da sala, aproximou-se de uma das janelas que dava para o jardim, bem longe de imaginar que a via. Retirou-se, e entrou com Teresa na sala, ao mesmo tempo, por uma porta diferente. Decorridos alguns minutos, a menina saiu outra vez, e o primo também. Teresa ouviu, a distância, o estrépito de um cavalo, quando passou ao patamar da escada. Baltasar também o ouviu, e notou que a prima, receosa de ser vista e conhecida pelo branco do vestido, levava uma capa ou xale que a envolvia toda. O de Castro D'aire fez pé atrás para não ser visto. Teresa, porém, num relance de olhar temeroso, ainda viu um vulto retirar-se. Teve medo, retrocedeu largando a capa, e entrou na sala, ofegante de cansaço e pálida de medo.

— Que tens, minha filha? — disse-lhe o pai. — Já duas vezes saíste da sala, e vens tão alvoroçada! Passa-se alguma coisa, Teresa?

— Tenho uma dor no peito: preciso ir respirar de vez em quando... Não é nada, meu pai.

Tadeu acreditou, e disse a todo o mundo que a filha sentia-se mal; só não disse ao sobrinho, porque não o encontrou, e percebeu que ele tinha saído.

Também Teresa deu pela ausência do primo, e fingiu que o ia procurar, resolução de que o velho gostou muito. Desceu ela ao jardim, correu à porta, onde a esperava Simão, abriu-a, e, com a voz cortada pela ansiedade, disse apenas:

— Vai-te embora: vem amanhã à mesma hora. Vai, vai!

Simão, enquanto ouvia isso, tinha os olhos fitos num vulto, que se aproximava deles, rente ao muro do quintal. O tropeiro, que o vira primeiro, deu um sinal, e entalou as rédeas do cavalo entre umas pedras, para ficar livre caso o estudante não pudesse lidar sozinho com o inimigo.

Simão Botelho não se moveu, e Baltasar Coutinho parou à distância de seis passos. O tropeiro avançou lentamente a meio caminho do patrão, mas este gritou-lhe para que não se aproximasse. Caminhando em direção ao vulto, o estudante agarrou duas pistolas e disse-lhe:

— Isto aqui não é caminho. O que quer?

O fidalgo não respondeu.

— Quer que lhe abra a boca com uma bala? — disse Simão.

— Que lhe importa ao senhor saber o que quero? — disse Baltasar. — Se eu tiver um segredo, como o senhor parece que tem o seu, sou obrigado a confessar!?

Simão refletiu, e respondeu:

— Este muro pertence a uma casa onde mora uma só família, e uma só mulher.

— Nesta casa há mais de quarenta mulheres esta noite — redarguiu o primo de Teresa. — Se o cavalheiro espera uma, eu posso esperar outra.

— Quem é o senhor? — disse com arrogância o filho do corregedor.

— Não conheço o homem que me interroga, nem quero conhecer. Fiquemos cada um com o nosso nome incógnito. Boas noites.

Baltasar Coutinho retrocedeu, dizendo para si: "De que vale uma espada contra dois homens e duas pistolas?".

Simão Botelho cavalgou, e partiu para a casa do hospitaleiro ferrador.

O sobrinho de Tadeu de Albuquerque entrou na sala sem denunciar nenhuma alteração de ânimo. Viu que Teresa o observava de revés, e soube dissimular o que lhe ia na alma, de modo que isso a sossegou. A pobre menina, ansiosa por se ver sozinha, viu com prazer a primeira família levantar-se para sair, o que deu rebate às outras, menos a de Castro D'aire e as suas irmãs, que ficaram hospedadas em casa do seu tio, com intenção de permanecerem oito dias em Viseu.

Velou Teresa o resto da noite, a escrever a Simão a longa história dos seus terrores, e pedindo-lhe perdão por não o ter avisado do baile, pois estava doida de alegria com a sua vinda. No tocante ao plano de se encontrarem na noite seguinte, não havia alteração na carta. Isso espantou o académico. Para Simão, aquele vulto era o de Baltasar Coutinho, e o pai de Teresa devia ter sido informado do ocorrido naquela mesma noite.

Escreveu ele a contar a história do incidente, mas receando, porém, assustar Teresa e privar-se do encontro ele escreveu uma segunda carta, em que não transparecia o medo de ser atacado, nem sequer receio de afetar a sua fama. Simão Botelho acreditava que esta deveria ser a postura de um amante corajoso.

O estudante passou aquele dia a contar as longas horas, e a meditar instantes nos funestos resultados que podia ter a sua temerária ida se Baltasar Coutinho fosse o tipo de homem que reservara para melhor oportunidade a vingança da provocação insolente. Mas ele acreditou que esses pensamentos eram mais por covardia que prudência.

O ferrador tinha uma filha, rapariga de vinte e quatro anos, formas bonitas, um rosto belo e triste. Notou Simão como ela se demorava a contemplá-lo, e perguntou-lhe a causa daquele olhar melancólico com que ela o olhava. Mariana corou, abriu um sorriso triste, e respondeu:

— Não sei o que me adivinha o coração a respeito de Vossa Senhoria. Alguma desgraça está para lhe suceder.

— A menina não diria isso — respondeu Simão — sem saber alguma coisa da minha vida.

— Alguma coisa sei — disse ela.

— Foi o tropeiro que lhe contou?

— Não, senhor. É que o meu pai conhece o pai de Vossa Senhoria, e também conhece o senhor. E há pouco ouvi estar o meu pai a dizer ao meu tio, que é o tropeiro que o trouxe, que ele tinha as suas razões para saber que alguma desgraça lhe estava para acontecer.

— Por quê?

— Por amor de uma fidalga de Viseu, que tem um primo em Castro D'aire.

Simão espantou-se da publicidade do seu segredo, e ia colher pormenores do que ele julgava ser mistério entre as duas famílias quando o mestre ferrador João da Cruz entrou no sobrado, onde o diálogo se passara. A rapariga, como ouviu os passos do pai, saiu rapidamente por outra porta.

— Com a sua licença — disse mestre João.

Dizendo, fechou por dentro ambas as portas, e sentou-se sobre uma arca.

— Ora, meu fidalgo — continuou ele, descendo as mangas arregaçadas da camisa, e fechando-as com dificuldade nos grossos pulsos, como quem sabe as etiquetas das mangas. — Há de me desculpar por ter vindo assim vestido de modo tão informal, mas não encontrei a jaqueta.

— Está muito bem, senhor João — atalhou o acadêmico.

— Pois, senhor, eu devo um favor ao seu pai, e um favor grande. Uma vez armou-se aqui à minha porta uma desordem, por causa de um coice que um cavalo de um condutor deu numa égua que eu estava a colocar ferraduras, e o golpe foi tão preciso que lhe partiu a perna nessa altura, mais ou menos.

João da Cruz mostrou na perna o ponto em que fora fraturada a da égua, e continuou:

— Como tinha ali o martelo à mão, não me contive e bati com ele na cabeça do cavalo, que logo desabou no chão. O condutor de cargas, que era valentão, pegou um bacamarte, que trazia entre a carga, e disparou em mim, sem aviso. "Ó alma danada!", disse-lhe eu, "pois tu não vês que o teu cavalo aleijou esta égua, que custou vinte peças ao seu dono, e que eu agora tenho de pagar, e tu queres dar-me um tiro por eu te atordoar o cavalo!?"

— E o tiro acertou-lhe? — atalhou Simão.

— Acertou; mas saberá Vossa Senhoria que me não matou; acertou-me aqui neste braço esquerdo. E então eu entro em casa, vou à cabeceira da cama, trago uma carabina, e dou um tiro no peito dele. O infeliz caiu como um pássaro morto, e não gritou nem emitiu qualquer som. Prenderam-me, e fui para Viseu e fiquei preso lá por três anos até que o paizinho da Vossa Senhoria foi nomeado corregedor. Andava muita gente a trabalhar contra mim, e todos me diziam que eu iria para a forca. Estava lá na masmorra comigo um preso a cumprir sentença, e disse-me que o senhor corregedor tinha muita devoção para com as sete dores da Nossa Senhora. Uma vez que ele ia passar com a família para a missa, então eu o abordei: "Senhor corregedor, peço a Vossa Senhoria, pelas sete dores de Maria Santíssima, que me mande ir à sua presença, para eu explicar a minha culpa a Vossa Senhoria". O paizinho de Vossa Senhoria chamou o oficial de justiça e mandou anotar o meu nome. Um dia fui chamado à presença do senhor corregedor e contei-lhe tudo, mostrando-lhe ainda as cicatrizes do braço. O seu pai ouviu-me e disse-me: "Vai-te embora, que eu farei o que puder". O caso é, meu fidalgo, que eu saí absolvido quando muita gente dizia que eu seria enforcado à minha porta. Faz favor de me dizer se eu não devo cuidar de tudo ao meu alcance nas coisas em que o seu paizinho põe os pés!?

— Certamente o senhor tem motivo para lhe ser grato, não há dúvida nenhuma.

— Agora faz favor de ouvir o resto. Eu, antes de ser ferrador, fui criado na casa do fidalgo de Castro D'aire, que é o senhor Baltasar. Conhece-o Vossa Senhoria? Ora, se conhece!

— Conheço de nome.

— Foi ele quem me emprestou dez moedas de ouro para me estabelecer, mas já as paguei, Deus seja louvado. Há de haver seis meses que ele me mandou chamar a Viseu, e me disse que tinha trinta peças para me dar, se eu lhe fizesse um serviço. "O que Vossa Senhoria quiser, fidalgo." E então ele disse-me que queria que eu tirasse a vida de um homem. Isso mexeu comigo, porque, para dizer a verdade, um homem que mata outro num momento de descontrole não é o mesmo que um assassino de ofício, concorda?

— Decerto — respondeu Simão, adivinhando o remate da história. — Quem era o homem que ele queria ver morto?

— Era Vossa Senhoria. Ó homem! — disse o ferrador com espanto. — O senhor nem sequer mudou de cor!

— Eu não mudo de cor nunca, senhor João — disse o acadêmico.

— Estou pasmo!

— E vosmecê não aceitou a incumbência, pelo que vejo — disse Simão.

— Não, senhor. Quando ele me disse quem era, a minha vontade era pregar-lhe a cabeça numa esquina.

— E ele disse-lhe a razão por que me mandava matar?

— Não, meu fidalgo; eu conto-lhe: na semana seguinte, quando soube que o senhor Baltasar (raios o partam!) tinha saído de Viseu, fui falar com o senhor corregedor, e contei-lhe tudo como se passara. O senhor corregedor esteve a pensar um pouco, e disse-me, e a Vossa Senhoria há de me perdoar por lhe contar o que o seu pai me disse tal e qual.

— Diga.

— O seu pai começou a esfregar o nariz, e disse-me: "Eu sei o que é isso. Se aquele brejeiro do meu filho Simão tivesse honra, não olharia para a prima desse assassino. Pensa o patife que eu consentiria que o meu filho se ligasse a uma filha de Tadeu de Albuquerque!". E ainda disse mais coisas que não lembro, mas fiquei ali a perceber tudo. Ora aqui tem o que se passou. Depois apareceu-me aqui Vossa Senhoria, que na noite passada foi a Viseu. Perdoará a minha confiança, mas Vossa Senhoria foi falar com a tal menina e eu estive a segui-lo, mas, como ia o meu cunhado, que é homem capaz de cuidar de três, fiquei descansado. Ele falou-me do encontro que Vossa Senhoria teve à porta do quintal da menina. Se lá voltar, senhor Simão, vá preparado para alguma coisa maior. Eu bem sei que Vossa Senhoria não é medroso; mas de uma traição ninguém se livra. Se quer que eu vá também, estou às suas ordens; e a carabina que deu cabo do condutor de cargas ainda está comigo, e dá fogo debaixo de água, como diz o outro. Mas, se Vossa Senhoria dá licença que eu lhe diga a minha opinião, o melhor é não andar nessas confusões. Se quer casar com ela, vá pedir licença ao seu paizinho, e deixe o resto cá por minha conta; desde que ela queira, eu, num abrir e fechar de olhos, ponho-a em cima de uma égua, que ali tenho, e tanto o pai dela quanto o seu primo ficarão a ver navios.

— Obrigado, meu amigo — disse Simão. — Aproveitarei os seus bons serviços quando me forem necessários. Esta noite hei de ir, como fui a noite passada, a Viseu. Se houver novidades, então veremos o que se há de fazer. Conto com vosmecê, e creia que tem em mim um amigo.

Mestre João da Cruz não respondeu. Dali foi examinar minuciosamente a carabina, e entender-se com o cunhado sobre as cautelas necessárias, enquanto descarregava a arma e a carregava de novo com umas balas especiais, que ele denominava "amêndoas de pimpões".

Nesse intervalo, Mariana, a filha do ferrador, entrou no sobrado e disse com meiguice a Simão Botelho:

— Então é certo que o senhor vai?

— Vou; por que não haveria de ir?

— Pois Nossa Senhora há de ir na sua companhia, com toda a certeza — disse ela, correndo para esconder as lágrimas.

Capítulo VI

Às dez e meia daquela noite, três vultos convergiram para o local, pouco frequentado, em que se abria a porta do quintal de Tadeu de Albuquerque. Ali se detiveram alguns minutos discutindo e gesticulando. As palavras de um dos vultos eram ouvidas em silêncio e sem réplica pelos outros. Dizia ele para um dos dois:

— Não convém que estejas perto desta porta. Se o homem aparecesse aqui morto, as suspeitas cairiam logo sobre mim ou sobre o meu tio. Afastem-se vocês um do outro, e tenham o ouvido atento ao tropel do cavalo. Depois apressem o passo até o encontrarem, de modo que os tiros sejam dados longe daqui.

— Mas... — atalhou um — quem nos diz que ele vem a cavalo e não a pé?

— É verdade! — acrescentou o outro.

— Se ele vier a pé, eu lhes darei aviso para o seguirem até o terem na linha de tiro, mas longe daqui, entenderam? — disse Baltasar Coutinho.

— Sim, senhor; mas e se ele for para a casa do pai, e entrar sem nos dar tempo de atirar?

— Tenho a certeza de que não vai para a casa do pai, já vos disse. Basta de palavreado. Vão esconder-se atrás da igreja, e não adormeçam.

Debandou o grupo, e Baltasar ficou alguns momentos encostado ao muro. Soaram os três quartos depois das dez. O filho de Castro D'aire colocou o ouvido à porta e retirou-se aceleradamente, ouvindo o som da folhagem seca que Teresa vinha a pisar.

Assim que Baltasar, colado ao muro, desapareceu, um vulto aproximou-se do outro lado a passos rápidos. Não parou: caminhou sempre aproveitando-se das sombras para se esconder. Rodeou a igreja que estava a duzentos passos de distância. Viu os dois vultos no canto da junção da capela-mor, sobre o qual caíam as sombras da torre. Olhou-os de passagem, e suspeitou; não os reconheceu, mas, depois que ele desapareceu, os dois disseram:

— É o João da Cruz, o ferrador!

— Que fará a esta hora por aqui?

— Não sei!

— Não desconfias que ele esteja participando disto?

— Qual quê! Se estivesse seria por nós. Não sabes que ele foi sócio do nosso amo?

— E também sei que fundou sua loja com dinheiro do sr. Baltasar.

— Pois então, que medo tens?

— Não há medo; mas também sei que foi o corregedor que o livrou da forca.

— O que tem isso?! O corregedor não se importa com isso, nem sabe que o filho aqui está.

— Assim será; mas não estou muito contente. Ele é homem dos diabos.

— Deixá-lo ser... tanto entram as balas nele como em qualquer outro.

A discussão continuou sobre várias conjeturas. De tudo o que eles disseram uma coisa era certíssima: o vulto era de João da Cruz, o ferrador.

Teria ele dado trezentos passos quando os criados de Baltasar ouviram o remoto tropel de um cavalo.

Ao tempo em que eles saíam do seu esconderijo, aparecia João da Cruz à frente dos cavaleiros. Simão levantou as pistolas, e o tropeiro, uma carabina.

— Não há novidade — disse o ferrador —, mas saiba a Vossa Senhoria que já podia estar embaixo do cavalo com quatro tiros no peito.

O tropeiro reconheceu o cunhado e disse:

— És tu, João?

— Sou eu. Vim primeiro que tu.

Simão estendeu a mão ao ferrador e disse-lhe comovido:

— Dê cá a sua mão; quero sentir na minha a mão de um homem honrado.

— Nas ocasiões é que se conhecem os homens — redarguiu o ferrador. — Ora, vamos, não há tempo para falatório. O senhor doutor tem gente de soslaio à sua espera.

— Tenho? — disse Simão.

— Atrás da igreja estão dois homens que eu não pude reconhecer; mas poderia jurar que são criados do sr. Baltasar. Salte do cavalo, que há de haver confronto. Eu disse-lhe para não vir, mas a Vossa Senhoria veio, e agora só resta seguir em frente.

— Eu não tenho medo, mestre João — disse o filho do corregedor.

— Bem sei que não; mas, à vista do inimigo, veremos.

Simão tinha parado. O ferrador tomou as rédeas do cavalo, recuou alguns passos na rua, e foi prendê-lo à argola da parede de uma estalagem.

Voltou e disse a Simão que os seguisse na distância de vinte passos; e que, se os visse parar perto do quintal de Albuquerque, mantivesse a distância em que os avistasse.

Quis o acadêmico protestar contra um plano que o humilhava como protegido pela defesa dos dois homens; o ferrador, porém, não admitiu uma resposta.

— Faça o que lhe digo, fidalgo — disse ele com energia.

João da Cruz e o cunhado, espiando todas as esquinas, chegaram à frente do quintal de Teresa e viram um vulto sumindo no ângulo da parede.

— Vamos a eles — disse o ferrador —, já passaram para o pátio externo da igreja; nesses entrementes, o doutor chega à porta do quintal e entra; depois voltaremos para guardar a saída.

Nesse propósito, moveram-se apressados, e Simão Botelho caminhou com as pistolas empunhadas em direção à porta.

Em frente do muro do jardim de Teresa, havia uma montanha íngreme, que se estendia até uma alameda sombria.

Os dois criados de Baltasar, ao perceberem que o tropel do cavalo parou, recordaram as ordens do amo, para o caso de Simão vir a pé. Procuraram um local discreto para ficarem à espreita e entraram na alameda quando o acadêmico chegou à entrada do quintal.

— Até aqui tudo bem — disse um deles.

— Desde que ele não fique lá dentro — respondeu o outro, vendo-o entrar e fechar a porta.

— Olha, ali vêm dois homens — disse o mais assustado, olhando para a outra entrada da alameda.

— E estão em nossa direção. Prepare a arma.

— O melhor é fugirmos. Estamos à espera do outro, e não destes. Vamos embora daqui.

Este não esperou convencer o companheiro: desceu a ribanceira do cascalho. O mais intrépido teve também a prudência de todos os assassinos assalariados: seguiu o mais covarde quando ouviu atrás de si os passos velozes dos perseguidores. Então, à sua frente apareceu-lhes o amo quando dobravam a esquina do quintal e disse-lhes:

— Por que fogem, seus covardes?

Os homens pararam envergonhados, empunhando as carabinas.

João da Cruz e o tropeiro apareceram, e Baltasar dirigiu-se a eles, a gritar:

— Alto aí!

O ferrador dirigiu-se então ao cunhado:

— Fala-lhe tu, que eu não quero que ele me reconheça.

— Quem nos manda parar? — disse o tropeiro.

— Três carabinas — respondeu Baltasar.

— Vê se os segura para dar tempo de que o doutor saia — disse João da Cruz ao ouvido do tropeiro.

— Pois cá estamos parados — respondeu o criado de Simão. — O que querem?

— Quero saber o que têm a fazer neste local.

— E vocês, o que fazem aqui?

— Não admito perguntas — disse o de Castro D'aire, aventurando alguns passos vacilantes para a frente. — Quero saber quem são.

Mestre João disse ao ouvido do cunhado:

— Diz-lhe que se der mais um passo o arrebentarás.

O tropeiro repetiu a fala, e Baltasar parou.

Um dos criados deste chamou-o de lado para lhe dizer que aquele que não falava parecia ser o João da Cruz. O primo de teresa duvidou e quis esclarecer aquilo; mas o ferrador ouviu as palavras do criado e disse ao cunhado:

— Vamos sair daqui, pois eles me reconheceram.

Voltou as costas ao grupo e caminhou ao longo do quintal de Tadeu de Albuquerque. Os criados de Baltasar, animados pela retirada dos outros dois, como se fosse um sinal de derrota, apressaram o passo a perseguir os supostos fugitivos. Baltasar ainda lhes disse para que não os seguissem; mas eles, momentos antes covardes, queriam desforrar-se agora, correndo atrás do inimigo tanto quanto eles próprios tinham fugido.

Simão Botelho ouviu os passos ligeiros e, compelido pelo susto de Teresa, abriu a porta do quintal, sem saber ainda de quem eram os passos. João da Cruz, com ar zombador, quando os perseguidores se viam, disse ao filho do corregedor se estava ajustado o casamento, que "não havia nada para se preocupar".

Simão entendeu o perigo, apertou convulsivamente a mão de Teresa e retirou-se. Queria ele reconhecer os dois vultos parados a distância; mas João da Cruz, com o tom imperioso de quem dá uma ordem, disse ao filho do corregedor:

— Vá por onde veio, e não olhe para trás.

Simão correu até encontrar o cavalo. Montou e esperou os dois inalteráveis guardas que o seguiam a passo vagaroso. Espantava-os o súbito desaparecimento dos criados de Baltasar, e recearam de alguma tocaia fora da cidade. O ferrador conhecia o atalho que os podia levar da emboscada ao caminho certo, e revelou o seu receio a Simão, dizendo-lhe que seguisse em frente a toda a pressa que ele e o cunhado iam encontrá-los. O acadêmico recebeu com enfado a advertência, pedindo-lhes que não o subestimassem tanto. E bruscamente puxou as rédeas, para não forçar os homens a acelerarem o passo.

— Faça como quiser — disse mestre João — que nós vamos por fora do caminho.

E subiram para uma rampa de olivais, para tornarem a descer encobertos por arbustos, colados a uma parede paralela com a estrada.

— O atalho segue por ali onde a serra faz aquele cotovelo — disse o ferrador ao cunhado. — Hão de ali passar, ou já passaram. A estrada vai mesmo na quebrada daquele monte. É certamente dali que os homens vão atirar, encobertos pelas sombras. Vamos depressa.

Em alguns momentos percorrendo um pouco descobertos e outros curvados à sombra dos arbustos, chegaram a um vale de onde ouviram os passos dos dois homens que atravessavam a pequena ponte de um riacho.

— Não chegamos a tempo — disse aflito o João da Cruz —, os homens vão atirar-lhe, porque o cavalo faz muito barulho.

E corriam já sem temor de serem vistos, porque os outros haviam dobrado o monte, que logo depois encontraria a estrada.

— Os homens vão atirar nele — disse o ferrador.

— Gritaremos daqui ao doutor para que não siga em frente.

— Já não há tempo. Se o matarem ou não, quando voltarem serão nossos.

Tinham passado a pequena ponte, e subiam a ladeira, quando ouviram dois tiros.

— Adiante! — exclamou João da Cruz — Se eles mataram o fidalgo não vão voltar por aqui.

Passaram o atalho, cansados e aborrecidos, com as carabinas à mão. Os criados de Baltasar, em vez do que imaginou o ferrador, retrocederam pelo mesmo atalho, supondo que os companheiros de Simão iam à frente batendo os pontos oportunos à emboscada, ou que se tinham retardado.

— Eles aí vêm! — disse o tropeiro.

— E nós cá os esperamos — respondeu o ferrador, escondendo-se atrás de uma elevação. — Abaixa-te também, que eu não quero ter de correr atrás deles.

Os assassinos, a dez passos, viram à sua frente erguerem-se os dois vultos e contornaram cada um para o seu lado, um galgando os degraus de um vinhedo, o outro atirando-se para as silveiras.

— Atira no da esquerda! — disse João da Cruz.

Foram simultâneas as explosões. A pontaria do ferrador fez logo um cadáver. As pequenas balas do tropeiro não diferenciaram o outro da vegetação onde se embrenhara.

A este tempo, Simão tentava estancar o sangue de onde lhe tinham atirado, e corria em direção de onde ouvira os segundos tiros.

— É a Vossa Senhoria, fidalgo? — gritou o ferrador.

— Sou.

— Não o mataram?

— Creio que não — respondeu Simão.

— Este desalmado deixou fugir o infeliz — disse João da Cruz —, mas o meu está lá a morrer na vinha. E faço questão de lhe ver o rosto.

O ferrador desceu os três terraços da vinha e curvou-se sobre o cadáver, dizendo:

— Alma de cântaro, se eu tivesse duas carabinas, não irias sozinho para o Inferno.

— Anda daí! — disse o tropeiro. — Deixa pra lá esse diabo, que o senhor doutor está ferido no ombro. Vamos depressa que ele está sangrando.

— Eu vi duas cabeças espreitarem-me de cima da ribanceira e pensei que eram vocês — disse Simão, enquanto o ferrador, com a destreza de hábil cirurgião, lhe enfaixava com lenços o braço ferido. — Parei o cavalo e disse: "Olá! Há novidades?". Uma vez que não me responderam, saltei para terra; mas ainda tinha eu um pé no estribo quando dispararam. Quis saltar a ribanceira, mas não consegui atravessar o mato cerrado. Dei uma volta grande para achar o caminho, e foi então que percebi que estava ferido.

— Isto é uma arranhadela — disse João da Cruz. — Olhe que eu sei disso, fidalgo! Sou mestre em curar muitas feridas.

— Nos burros, mestre João? — disse o ferido, a sorrir.

— E nos cristãos também, senhor doutor. Olhe que houve em Portugal um rei que não queria outro médico senão um que tratasse animais. Hei de mostrar-lhe o meu corpo, que parece uma rede de tantas facadas, e nunca fui ao cirurgião. Com um frasco de ceroto e vinagre, sou capaz de ressuscitar até aquela alma do diabo que está ali a escutar a cavalaria.

Nisto ouviu-se um leve rumor de folhagem no matagal para onde tinha saltado o companheiro do morto.

João da Cruz, como um cão de fino olfato, fitou a orelha e resmungou:

— Querem vocês ver que eles ainda se armam?! Ou será que o outro está por ali a tremer?

O rumor continuou, e depressa um bando de pássaros rompeu em sons variados em meio à folhagem.

— O homem está ali — disse o ferrador. — Passe-me cá uma pistola, senhor Simão!

Correu mestre João, e ao mesmo tempo uma grande barulheira fez-se ouvir entre as moitas.

— Ele move-se como um porco do monte! — exclamou o ferrador. — Ó cunhado, atira-lhe pedras; quero ver sair o javali da moita!

Do outro lado do mato estava um terreno cultivado. Simão, rodeando a cerca de espinhos, conseguira saltar para o campo sobre uma pedra ao lado de um pequeno curso d'água.

— Tenha lá cuidado, mestre; não vá você acertar-me com uma bala! — bradou Simão ao ferrador.

— Pois o fidalgo também está aqui!? Então está fechado o cerco. Eu no seu encalço. Se ele nos escapar, não há nada mais seguro neste mundo!

Não se enganaram. O criado de Baltasar Coutinho, quando se atirara desamparado para trás do mato, deslocara um joelho e caíra atordoado. O tropeiro não examinou o efeito do tiro, porque atirara sem precisão, e achava natural que o fugitivo não fosse atingido. Quando voltou a si do aturdimento da queda, o homem arrastou-se até encontrar um cerrado de árvores silvestres, em que pernoitava a passarinhada. Como os melros assustaram-se e esvoaçaram, o criado de Baltasar retornou para o mato, pensando que escaparia; mas o tropeiro atirou enormes pedras em todas as direções, e algumas acertavam mais que as balas do seu bacamarte. João da Cruz tirou do bolso da jaqueta um facão e começou a cortar os troncos de carvalhos novos e arbustos que se emaranhavam em redor do esconderijo. Já cansado, porém, e vendo o pouco fruto do trabalho, disse ao tropeiro:

— Preciso de luz, vai ali dentro buscar um pouco de palha seca, e vamos botar fogo no mato, que este ladrão há de morrer assado.

O perseguido, quando ouviu aquilo, tirou do maior perigo coragem para fugir, rompendo a espessura dos arbustos e saltando para o campo de palha em que o tropeiro andava a apanhar lenha, e Simão esperava o desfecho da montaria. Correram durante um bocado, o tropeiro e o acadêmico atrás dele. O fugitivo, sentindo-se alcançado, lançou-se de joelhos e mãos erguidas, pedindo perdão e dizendo que o amo o obrigara àquela desgraça. O bacamarte do tropeiro lhe ia direito no peito quando Simão lhe reteve o braço.

— Não se mata assim um homem ajoelhado! — disse o rapaz. — Levanta-te, rapaz!

— Eu não posso, senhor. Tenho uma perna quebrada, e estou aleijado para o resto da minha vida!

Neste instante, chegou o ferrador e exclamou:

— Então este tratante ainda está vivo!

E correu para ele com a navalha.

— Não mate o homem, senhor João! — disse o filho do corregedor.

— Como não o mato?! Essa é de cabo de esquadra! Então o fidalgo quer pagar-me com a forca o favor de eu o ter salvado?

— Com a forca!? — atalhou Simão.

— Claro! Quer que este homem viva para contar a história desta noite? Acha bem? Vossa Senhoria, como é filho de ministro, não correrá perigo; mas eu, que sou ferrador, posso contar que desta vez terei a corda no pescoço. Não quero isso. Deixe-me cá com o homem.

— Não o mate, senhor João; peço-lhe. Deixe-o ir. Uma testemunha não nos pode fazer mal.

— O quê! — redarguiu o ferrador. — Vossa Senhoria é doutor, saberá muito, mas de Justiça não sabe nada, e há de perdoar meu atrevimento. Basta uma só testemunha para guiar a Justiça. Uma testemunha de vista, e quatro de ouvir dizer, com o fidalgo de Castro D'aire a mexer os pauzinhos, é forca certa, como dois e dois são quatro.

— Eu não digo nada; não me matem, que eu nem volto para Castro D'aire — exclamou o homem.

— Deixe-o ficar, João da Cruz. Vamos embora.

— Isso! — acudiu o ferrador. — Chame-me João da Cruz! Para este bandido ter a certeza de que sou eu! Com efeito, não sei o que pensar em Vossa Senhoria querer deixar com vida uma alma do diabo que lhe deu um tiro para o matar.

— Pois tem razão; mas eu não sei castigar miseráveis que não resistem.

— E se ele o tivesse matado, castigava-o? Responda a isso, senhor doutor.

— Vamos embora — disse Simão. — Deixemos aí esse miserável.

Mestre João pensou por alguns momentos, coçando a cabeça, e resmungou com descontentamento:

— Vamos lá. Quem poupa o seu inimigo morre nas suas mãos.

Tinham já saído do terreno e iam descendo para a estrada quando o ferrador exclamou:

— Deixei a carabina encostada à sebe. Vão indo que eu venho já.

O tropeiro conduzia o cavalo, que estivera pacificamente a comer a relva dos lados marginais da estrada, quando Simão ouviu gritos. Soube com certeza o que era.

— O João lá está a fazer justiça! — disse o tropeiro. — Deixe-o lá, meu amo, que ele é homem que sabe o que faz.

João da Cruz apareceu dali a pouco, limpando com folhas a faca ensanguentada.

— Você é cruel, sr. João — disse o acadêmico.

— Não sou cruel — disse o ferrador —, o fidalgo está enganado; é que, diz lá o ditado, morrer por morrer, morra o meu pai que é mais velho. Tanto faz matar um como dois. Quando se está com a mão na massa, tanto faz amassar um alqueire como três. As obras devem ser acabadas, ou então o melhor é a gente não se meter nelas. Agora, levo a minha consciência sossegada. A Justiça que prove, se quiser; mas não hão de ser aqueles dois a dizer que eu os mandei de presente para o Diabo.

Simão teve um momento de horror perante as palavras do homicida, e de arrependimento de ter se ligado a tal homem.

Capítulo VII

O ferimento de Simão Botelho não era tão superficial para reagir prontamente ao curativo do ferrador, versado em aforismos do tratamento de animais. A bala, por azar, pegara uma porção muscular do braço esquerdo; algum vaso importante rompera, e não bastavam compressas para estancar o sangue. Horas depois de ferido, o acadêmico ficou febril, deixando-se medicar pelo ferrador. O tropeiro partiu para Coimbra, encarregado de espalhar a notícia de que Simão Botelho estava no Porto.

Mais do que as dores e o receio da amputação, mortificava-o a ansiedade por saber notícias de Teresa. João da Cruz estava sempre de sobreaviso, precavido contra algum procedimento judicial de suspeitas que caíssem sobre ele. As pessoas que vinham da feira na cidade contavam todas que dois homens tinham aparecido mortos, e constava serem criados de um fidalgo de Castro D'aire. Ninguém, porém, ouvira imputar o assassínio a determinadas pessoas.

Na tarde desse dia, recebeu Simão a seguinte carta de Teresa:

Deus permita que tenhas chegado sem perigo à casa dessa boa gente. Eu não sei o que se passa, mas há coisa misteriosa que eu não posso adivinhar. O meu pai tem estado toda a manhã fechado com o primo, e a mim não me deixa sair do quarto. Mandou-me tirar o tinteiro; mas eu felizmente estava prevenida com outro. A Nossa Senhora quis que a velha mendiga viesse pedir esmola debaixo da janela do meu quarto; senão não tinha modo de lhe dar sinal para ela esperar esta carta. Não sei o que ela me disse. Falou-me em criados mortos; mas eu não consegui entender. A tua mana Rita está a acenar-me por trás dos vidros do teu quarto.

Disse-me agora a tua mana que os amigos do meu primo tinham aparecido mortos perto da estrada. Agora já sei tudo. Estive para lhe dizer que tu estás aí; mas não me deram oportunidade. O meu pai de hora a hora anda de lá pra cá pelo corredor, e solta uns ais muito altos.

Ó meu querido Simão, que será feito de ti? Estarás ferido? Serei eu a causa da tua morte?

Diz-me o que souberes. Eu já não peço a Deus senão a tua vida. Foge desse lugar; vai para Coimbra, e espera que o tempo melhore a nossa situação. Tem confiança nesta tua amada, que é digna da tua dedicação. A mendiga está a chegar: não quero fazê-la esperar mais. Perguntei-lhe se sabia de ti alguma coisa, e ela respondeu que não. Deus o tenha.

Respondeu Simão, querendo tranquilizar o ânimo de Teresa. Do seu ferimento falava tão de passagem que dava a supor que nem tinha sido necessário curativo. Prometia partir para Coimbra assim que o pudesse fazer sem receio de Teresa sofrer na sua ausência. Insistia a avisá-lo se as ameaças de mandá-la ao convento voltassem a ser realizadas.

Entretanto, Baltasar Coutinho, chamado às autoridades judiciárias para esclarecer a devassa instaurada, respondeu que efetivamente os homens mortos eram os seus criados, que tinham acompanhado a ele e à sua família de Castro D'aire. Acrescentou que não sabia que eles tivessem inimigos em Viseu, nem tinha contra alguém as mais leves presunções.

Os mais próximos vizinhos da localidade, onde os cadáveres tinham aparecido, depuseram apenas que, a altas horas da noite, tinham ouvido dois tiros ao mesmo tempo, e outro, pouco depois. Uma das testemunhas dizia coisas que não ajudavam muito a Justiça, de que o mato, nas vizinhanças do local, fora pisado e cortado. Perante tal obscuridade a Justiça não pôde prosseguir.

Tadeu de Albuquerque era conivente no atentado contra a vida de Simão Botelho. Fora conselho seu, quando o sobrinho denunciou a causa das saídas frequentes de Teresa, na noite do baile. Tanto ao velho como ao sobrinho convinha apagar algum indício que pudesse envolvê-los no mistério daquelas duas mortes. Os criados não mereciam a busca por justiça que implicasse a desonra dos seus amos. Não podiam apresentar provas contra Simão Botelho. Àquela hora supunham que estaria a caminho de Coimbra, ou refugiado em casa do seu pai. Restava-lhes ainda a esperança de que ele tivesse sido ferido, e fosse morrer longe do local em que o tinham atacado.

Quanto a Teresa, resolveu Albuquerque trancá-la num convento do Porto, e escolheu o de Monchique, onde era abadessa uma parenta próxima sua. Escreveu à superiora do convento para lhe preparar aposentos e, ao procurador, para negociar as licenças eclesiásticas para a entrada. Todavia, receando o velho algum incidente no espaço de tempo que esperava até se conseguirem as licenças, resolveu que Teresa não ficaria em casa, e solicitou a retenção temporária dela num convento de Viseu.

Teresa acabara de ler a resposta de Simão Botelho, que a mendiga lhe passara ao escurecer, pendente de uma linha, quando o pai entrou no seu quarto e a mandou vestir-se. A menina obedeceu, agarrando uma capa e um lenço.

— Vista-se como quem é: lembre-se de que ainda tem os meus nomes — disse com severidade o velho.

— Pensei que não era preciso vestir-me melhor para sair à noite — disse Teresa.

— E a senhora sabe para onde vai?

— Não sei. O meu pai não me disse.

— Então vista-se, e não retruque.

— Mas, meu pai, ouça-me um momento.

— Diga.

— Se a sua ideia é obrigar-me a casar com o meu primo...

— E daí?

— Decerto que não caso; morro, e morro contente, mas não caso.

— Nem ele a quer. A senhora é indigna de Baltasar Coutinho. Um homem do meu sangue não aceita para esposa uma mulher que fala de noite aos amantes nos quintais. Vista-se depressa, que vai para um convento.

— Prontamente, meu pai. Esse destino já lhe pedi muitas vezes.

— Não quero reflexões. Daqui a pouco apareça-me vestida. As suas primas esperam-na para a acompanharem.

Quando se viu sozinha, Teresa debulhou-se em lágrimas, e quis escrever a Simão. Mas àquela hora quem lhe levaria a carta? Apelou para o altar da Virgem, a quem fizera confidente do seu amor. Pediu-lhe de joelhos que a protegesse, que desse forças a Simão para resistir ao golpe, e guardar-lhe com perseverança mesmo com as desgraças que pudessem suceder no futuro. Depois vestiu-se, comprimindo contra o seio um embrulho em que levava o tinteiro, o papel e o maço das cartas de Simão. Saiu do seu quarto, lançando os olhos lacrimosos para o painel da Virgem, e, encontrando o pai, pediu-lhe licença para levar consigo aquela devota imagem.

— Lá haverá — respondeu ele. — Se tivesse tanta vergonha como devoção, seria mais feliz do que há de ser.

Uma das primas, irmã de Baltasar, chamou-a à parte e segredou-lhe:

— Ó menina, ainda está na tua mão resolver a desordem desta casa.

— Como poderia resolver? — perguntou Teresa com artificial seriedade.

— Diz ao teu pai que casarás com o mano Baltasar.

— O primo Baltasar não me quer — respondeu ela a sorrir.

— Quem te disse isso, Teresinha?

— O meu pai.

— Deixa falar o teu pai, que está desatinado com o amor que tem a você. Queres que eu fale com ele?

— Para quê?

— Para resolver a desgraça que recaiu sobre todos nós.

— Estás a brincar, prima! — redarguiu Teresa. — Eu só hei de ser tua cunhada quando não tiver coração. O teu irmão sabe que eu amo outro homem. Queria viver para ele; mas, se quiserem que eu morra por ele, abençoarei todos os meus algozes. Podes dizer isso ao primo Baltasar, e também que ele me esqueça.

— Então, vamos? — disse o velho.

— Estou pronta, meu pai.

A recepção de Teresa no Convento

Abriu-se a portaria do mosteiro. Teresa entrou sem uma lágrima. Beijou a mão do pai, que não ousou recusar-lhe na presença das freiras. Abraçou as primas, com um rosto de regozijo, e, ao fechar-se a porta, exclamou, para grande espanto das monjas:

— Estou mais livre que nunca. A liberdade do coração é tudo.

As freiras olharam-se entre si, como se ouvissem na palavra "coração" uma heresia, uma blasfêmia proferida na casa do Senhor.

— Que diz a menina? — perguntou a abadessa, fitando-a por cima dos óculos, e apanhando no lenço de algodão a destilação do tabaco.

— Disse eu que me sentia aqui muito bem, minha senhora.

— Não diga minha senhora — atalhou a escrivã.

— Como hei de dizer?

— Diga "nossa madre abadessa".

— Pois sim, nossa madre abadessa, disse eu que me sentia aqui muito bem.

— Mas quem vem para estas casas de Deus não vem para se sentir bem — disse a nossa madre abadessa.

— Não? — disse Teresa com sincera admiração.

— Quem para aqui vem, menina, há de mortificar o espírito, e deixar lá fora as paixões mundanas. Ah! Aqui está a nossa madre mestra de noviças, a quem compete encaminhá-la e dirigi-la.

Teresa não respondeu: fez um gesto de respeito à mestra de noviças e seguiu o caminho que a superiora do convento lhe ia indicando.

A nossa madre entrou nos seus aposentos e disse a Teresa que era sua hóspede enquanto ali estivesse; e jurou que não sabia se o seu pai escolheria aquele convento ou outro.

— Que importa que seja um ou outro? — disse Teresa.

— Vamos esperar que ele nos informe. O seu pai pode querer que a menina professe na ordem rica das bentas ou nas bernardas.

— Professe! — exclamou Teresa. — Eu não quero ser freira aqui, nem noutra parte.

— A senhora há de ser o que o seu pai quiser que seja.

— Freira!? Ah, isso ninguém pode obrigar-me! — recalcitrou Teresa.

— Isso será assim — retorquiu a abadessa —, mas, como a menina terá de noviciar por um ano, sobra-lhe tempo para se habituar a esta vida, e verá que não há vida mais descansada para o corpo, nem mais saudável para a alma.

— Mas, nossa madre — disse Teresa, sorrindo, como se a ironia lhe fosse habitual —, a senhora disse que a estas casas ninguém vem para se sentir bem.

— É um modo de falar, menina. Todos temos as nossas mortificações e obrigações de coro e de serviços para que nem sempre o espírito está bem-disposto. Ora vê aí. Mas em comparação com o que acontece pelo mundo, o convento é um paraíso. Aqui não há paixões, nem pensamentos que tirem o sono, nem a vontade de comer, bendito seja o Senhor! Vivemos umas com as outras, como Deus vive com os anjos. O que uma quer, querem todas. Más línguas é coisa que a menina não há de achar aqui, nem intriguistas, nem murmurações maledicentes. Enfim, Deus fará o que for preciso. Eu vou à cozinha buscar a ceia da menina e volto já. Aqui a deixo com a senhora madre organista, que é um anjo, e com a nossa mestra de noviças, que sabe dizer melhor que eu o que é a virtude nestas santas casas.

Assim que a abadessa voltou as costas, disse a organista à mestra de noviças:

— Que impostora!

— E que estúpida! — respondeu a outra. — Menina, não acredite nessa trapalhona, e tente conseguir que o seu pai lhe dê outra companhia enquanto aqui estiver, pois a abadessa é a maior intrigueira do convento. Depois que fez sessenta anos, fala das paixões do mundo como quem as conhece por dentro e por fora. Enquanto foi nova, era a freira que mais escândalos dava na casa; depois de velha tornou-se a mais ridícula, por ainda querer amar e ser amada; agora, que está decrépita, transformou-se neste mostrengo a querer evangelizar e a curar indigestões de todo mundo.

Teresa, apesar da sua dor, não pôde reprimir uma risada, lembrando-se da comparação da abadessa sobre a vida de Deus com os anjos que as esposas do Senhor ali desfrutavam.

Pouco depois, entrou a superiora do convento com a ceia e saíram as duas freiras.

— Que lhe pareceram as duas religiosas que ficaram com a menina? — perguntou ela a Teresa.

— Pareceram-me muito boas.

A velha cerrou os beiços matizados com os restos do tabaco e resmungou:

— Hum! Ainda que elas não sejam das piores... se fossem melhores, não faria diferença alguma. Mas vamos a isto, menina; aqui tem duas pernas de galinha, e um caldo tão bom que até os anjos podem comer.

— Eu não quero comer nada, minha senhora — disse Teresa.

— Ora essa! Não come nada!? Há de comer; sem comer ninguém resiste. Paixões... que as leve o porco-sujo! As mulheres é que ficam enganadas, e eles não têm nada a perder! Olhe que eu, até o presente, Deus seja louvado, não sei o que são as paixões; mas quem tem cinquenta e cinco anos de convento tem muita experiência do que vê sofrer as jovens extravagantes. E, para não ir mais longe, estas duas que daqui saíram têm pago bem cada uma o seu tributo à asneira, Deus me perdoe se peco. A organista tem já os seus quarenta e bons anos, e ainda vai à porta que nos separa do mundo externo derreter-se em finezas aos passantes; a outra, apesar de ser mestra de noviças por falta de outra que quisesse sê-lo, se eu não ficasse de olho nela, me estragaria as mais novas.

Este edificante discurso de caridade foi interrompido pela madre escrivã, que vinha, palitando os dentes, pedir à superiora do convento um copinho de certo vinho estomacal com que todas as noites era brindada.

— Estava eu a contar a esta menina sobre as peças que são a organista e a mestra — disse a abadessa.

— Ó! São sim! Agora mesmo foram as duas para a cela da porteira. E neste momento a menina deve estar sendo cortada por aquelas línguas, que não perdoam a ninguém.

— Vais ver se ouves alguma coisa, minha flor! — disse a superiora do convento.

A escrivã, contente da missão, foi imperceptivelmente ao longo dos dormitórios até parar a uma porta que não vedava o ruído estridente das risadas.

No entanto dizia a superiora do convento a Teresa:

— Esta escrivã não é má: só tem o defeito de se embebedar; depois, não há quem a ature. Tem uma boa pensão, mas gasta tudo em vinho, e tem pretensões de entrar para o coro estando agora a fazer cinquenta e cinco anos, o que é mesmo uma desgraça. Não tem outro defeito; é uma alma limpa, amiga. É verdade que, às vezes... (Aqui a superiora do convento ergueu-se para escutar os dormitórios, e fechou a porta por dentro.) É verdade que, às vezes, quando anda desorientada, chega com paus e pedras e sai a falar dos defeitos das suas amigas. Sobre mim já levantou uma calúnia, dizendo que eu, quando saía do convento, não ia só à toa, e andava por lá a fazer como as outras. Que pouca-vergonha! Se fosse outra pessoa a dizer tal coisa, mesmo que seja mentira; mas logo ela, que sempre está com uns namorados vagabundos que bebem junto com ela, isso é demais; mas, enfim, não há ninguém perfeito! É uma boa mulher. Se não fosse aquele maldito vício...

Como começou a cantar o coro nesta ocasião, a veneranda abadessa bebeu o segundo cálice do vinho estomacal e disse a Teresa que a esperasse um quarto de hora, que ela ia ao coro, e pouco se demoraria. Tinha ela saído, quando a escrivã entrou no momento em que Teresa, com as mãos abertas sobre a face, dizia para si mesma: "Um convento, meu Deus! É isto que é um convento?".

— Está sozinha? — perguntou a escrivã.

— Estou, minha senhora.

— Pois aquela grosseira vai-se embora e deixa uma hóspede sozinha? Bem se vê que é filha de um funileiro! Pois teve tempo de ter prática do submundo, ela que frequentou tanto por lá que se farte. Eu iria ao coro; mas não vou, para lhe fazer companhia, menina.

— Vá, vá, minha senhora, que eu fico bem sozinha — disse Teresa, com esperança de poder desafogar em lágrimas a sua aflição.

— Não vou, não! A menina aqui deve estar morrendo de medo; mas a superiora do convento logo retorna. Ela, se não puder escapar do coro, não fica lá muito tempo. Aposto que esteve a falar mal de mim.

— Não, minha senhora, pelo contrário.

— Ora, diga a verdade, menina! Eu sei que esta cegonha não fala bem de ninguém. Para ela todas somos libertinas e bêbadas.

— Nada, não, minha senhora; nada me disse a respeito de alguma freira.

— E, se disse, deixe-a dizer. Ela não bebe o vinho, ela o suga; é uma esponja viva. Quanto à libertinagem, tomara eu ter tantos mil cruzados como amantes ela teve! Só para você ter uma pequena ideia, menina!

A escrivã bebeu um cálice de vinho da superiora do convento e continuou:

— Faça uma pequena ideia! Ela é muito velha. Quando eu cheguei, ela já era velha como agora, com pouca diferença. Ora, eu sou freira há vinte e seis anos; calcule quantas arrobas de tabaco ela tem acumulado naquele nariz! Pois olhe, acredite ou não, só eu conheço mais de uma dúzia de seus galanteadores, sem falar do padre capelão, que esse ainda agora lhe fornece o estoque de vinhos, à nossa custa, entende-se. É uma gastadora dos rendimentos da casa. Eu, que sou escrivã, é que sei quanto ela rouba. Tenho imensa pena de ver a menina hospedada na casa dessa hipócrita. Não se deixe levar pela falta de postura dela, meu anjinho. Eu sei o que o seu pai lhe disse, encarregou-a de não a deixar escrever, nem receber cartas; mas olhe, minha filha, se quiser escrever, eu dou-lhe tinteiro, papel, lacre e o meu quarto, se quiser ir para lá escrever. Se tem alguém que lhe escreva, diga-lhe que mande as cartas em meu nome; eu chamo-me Dionísia da Imaculada Conceição.

— Muito agradecida, minha senhora — disse Teresa, animada pela oferta. — Quem me dera poder mandar um recado para uma pobre mendiga que mora no beco do...

— O que quiser, menina. Eu mando-o assim que o dia nascer. Esteja descansada. Não confie em mais ninguém, senão em mim. Observe que a mestra das noviças e a organista são duas falsas. Não lhes dê trela, pois, se confiar seus segredos às duas, estará perdida. Aí vem a lesma. Falemos noutra coisa.

A superiora do convento vinha entrando, e a escrivã prosseguiu assim:

— Não há, não há nada mais agradável que a vida do convento quando se tem a fortuna de ter uma superiora como a nossa. Ah! És tu, amiga? Olha se estivéssemos a falar mal de ti!

— Eu sei que tu nunca falas mal de mim — disse a superiora do convento, piscando o olho a Teresa. — Aí está essa menina que diga o que eu lhe estive a dizer das tuas boas qualidades...

— Pois foi o que eu disse de ti — respondeu irmã Dionísia da Imaculada Conceição —, não precisas perguntar, porque felizmente ouviste o que eu estava a dizer. Oxalá que se pudesse dizer o mesmo das outras que desonram a casa, e trazem aqui tantas intrigas, o que é mesmo coisa de pecado!

— Então não vais ao coro, Nini? — disse a abadessa.

— Agora já é tarde. Tu absolves-me da falta, sim?

— Absolvo, absolvo; mas dou-te como penitência beberes um copinho.

— Do estomacal?

— Sim!

Dionísia cumpriu a penitência, e saiu, segundo ela, para deixar a superiora do convento no seu momento de oração.

Não delongaremos nesta amostra do evangélico e exemplar viver do convento onde Tadeu de Albuquerque mandara a sua filha a respirar o puríssimo ar dos anjos, enquanto se lhe preparava ambiente mais depurador dos vícios no convento de Monchique.

Naquelas duas horas de vida conventual, encheu-se o coração de Teresa de amargura e nojo. Ignorava ela que o mundo tinha muito daquilo. Ouvira falar dos mosteiros como um refúgio da virtude, da inocência e das esperanças que não morrem. Lera algumas cartas da tia, superiora do convento em Monchique, e por elas formara conceito do que devia ser uma santa. Daquelas mesmas dominicanas, em cuja casa estava, ouvira dizer as velhas e devotas fidalgas de Viseu virtudes, maravilhas da caridade, e até milagres. Que desilusão tão triste e, ao mesmo tempo, que ânsia de fugir dali!

A cama de Teresa estava no mesmo quarto da abadessa, em área separada com cortinas de tecido fino.

Quando a superiora do convento lhe disse que, se quisesse podia se deitar, a menina perguntou-lhe se ela poderia mandar uma carta ao seu pai. A freira respondeu no dia seguinte que o faria. O senhor Albuquerque ordenou que a filha não escrevesse; assim mesmo, a madre jurou que não a proibiria, se tivesse tinteiro e papel no aposento.

Teresa deitou-se, e a superiora do convento ajoelhou-se diante de um oratório, rezando a meia-voz. Se o murmúrio da oração enfadasse a hóspede, não teria ela muita razão de queixa, porque a devota monja, ao segundo padre-nosso, começou a pender a cabeça com sono, de modo que já não completou nem a primeira ave-maria. Levantou-se fazendo uma reverência às imagens do santuário, foi deitar-se, e começou a ressonar.

Teresa afastou sutilmente as cortinas do quarto e tirou de dentro de sua blusa o tinteiro e o papel.

Ela observou que a lâmpada do oratório lançava um pequeno foco de luz sobre a cadeira em que pusera a roupa. Desceu da cama, ajoelhou ao pé da cadeira e escreveu a Simão, relatando-lhe minuciosamente tudo o que acontecera naquele dia. A carta terminava assim:

Não receies nada por mim, Simão. Todas essas dores me parecem leves, se eu comparar com as que tens sofrido por amor a mim. A desgraça não abala a minha firmeza, nem deve intimidar os teus propósitos. São alguns dias de tempestade, e mais nada. Comunicarei qualquer nova resolução que o meu pai tome logo que puder te escrever.

A falta de notícias minhas deves atribuir sempre ao impossível. Ama-me assim, mesmo na desgraça, porque me parece que os desgraçados são os que mais precisam de amor e de conforto. Vou ver se posso esquecer-te um pouco dormindo. Como isso é triste, meu querido! Adeus.

Capítulo VIII

Mariana, a filha de João da Cruz, quando viu o pai cuidando da ferida do braço de Simão, perdeu os sentidos. O ferrador riu estrondosamente da fraqueza da rapariga, e o acadêmico achou estranha tal sensibilidade numa mulher acostumada no auxílio de curar as feridas, ofício pelo qual o pai era reconhecido em todas as feiras públicas e romarias.

— Não faz ainda um ano que me fizeram três buracos na cabeça, quando eu fui à Senhora dos Remédios, a Lamego, e foi ela quem me raspou a cabeça à navalha — disse o ferrador. — Pelo que vejo, foi o sangue do fidalgo que deu voltas ao estômago da rapariga! Estamos então bem arranjados! Eu tenho a minha vida para cuidar, e queria que ela fosse a enfermeira do meu doente. Pode, ou não pode, Mariana? — disse ele à filha, quando ela abriu os olhos, com uma cara envergonhada pela sua fraqueza.

— Serei a enfermeira com muito gosto, se o pai quiser.

— Pois, então, rapariga, em vez de ir costurar na varanda, venha aqui para perto do senhor Simão. Dá-lhe caldos e trata-lhe da ferida; vinagre e mais vinagre, enquanto ela estiver assim meio roxa. Conversa com ele, não o deixes fazer maluquices, nem escrever muito, porque não é bom quando se está fraco da cabeça. E Vossa Senhoria não tenha cerimônia, nem me diga à Mariana — a senhorita isto, a senhorita aquilo. Peça assim: rapariga, dá cá um caldo; rapariga, lava-me o braço, passe para cá as compressas — sem frescuras. Ela está aqui como sua criada, porque eu já lhe disse que se não fosse o pai de Vossa Senhoria já ela há muito tempo que andaria por aí às esmolas, ou coisa pior. É verdade que eu podia deixar-lhe uns benzinhos, ganhos por suar na bigorna há dez anos, para além de uns quatrocentos mil-réis que herdei da minha mãe, que Deus a tenha; mas Vossa Senhoria bem sabe que, se eu fosse para a forca, a Justiça vinha e tomava tudo.

— Se vosmecê tens bens e quiser— atalhou Simão —, pode casar sua filha com um fazendeiro.

— Isso se ela quisesse. Pretendentes a maridos é que não lhe faltam; até o oficial da casa da Igreja a queria, desde que eu lhe fizesse doação de tudo, que é pouco, mas ainda vale quatro mil cruzados bons; o caso é que a rapariga não tem se animado para casar, e eu, pra falar a verdade, também não. Sou só eu e mais ela, e também não tenho muita vontade de ficar sem sua companhia, para quem trabalho como um cavalo. Se não fosse ela, fidalgo, eu já teria feito muita besteira! Quando vou com ela às feiras públicas ou às romarias, não provoco ninguém, nem bato, nem apanho; se vou sozinho, é desordem na certa. A rapariga já conhece quando a pinga me sobe ao capacete; puxa-me pela jaqueta, e põe-me pra fora do arraial. Se alguém me chama para beber mais um bocadinho, ela não me deixa ir, e eu até acho graça da obediência com que me deixo guiar pela rapariga, que me pede que não vá pela alma da mãe. Se ela me pede alguma coisa pela alma da minha santa mulher, eu já não consigo contestar.

Mariana ouvia o pai escondendo uma parte do rosto no seu alvíssimo avental de linho. Simão admirava a beleza daquela cena simples, mas repleta de naturalidade.

João da Cruz, então, foi chamado para ferrar um cavalo, e despediu-se nestes termos:

— Tenho dito, rapariga; aqui te entrego o nosso doente; trata-o como quem é, e como se fosse teu irmão ou teu marido.

O rosto de Mariana corou quando aquela última palavra saiu tão natural como todas da boca do pai.

A rapariga ficou encostada ao batente do quarto de Simão.

— Não foi nada bom este fardo que lhe caiu nas mãos, Mariana! — disse o acadêmico. — Fazerem-na enfermeira de um doente, e privarem-na talvez de ir costurar na varanda e conversar com as pessoas que passam.

— E acha que me importo com isso? — respondeu ela, sacudindo o avental, e pondo-o na cintura com graça pueril.

— Sente-se, Mariana; o seu pai disse-lhe que se sentasse. Vá buscar a sua costura, e dê-me dali uma folha de papel e um lápis que está na carteira.

— Mas o pai também me disse que não o deixasse escrever — respondeu ela, sorrindo.

— Um pouco não faz mal. Eu escreverei apenas algumas linhas.

— Veja lá o que faz — disse ela dando-lhe o papel e o lápis. — Se alguma carta se perde, podem descobrir tudo.

— Tudo o quê, Mariana? Sabe de alguma coisa!?

— Era preciso que eu fosse muito tola se não soubesse. Eu não lhe disse que sabia da sua relação como uma menina fidalga da cidade?

— Disse. Mas o que tem isso?

— Aconteceu o que eu temia. Vossa Senhoria está aí ferido, e todo mundo só fala sobre uns homens que apareceram mortos.

— E que tenho eu com os homens que apareceram mortos?

— Por que que está a fingir? Eu sei que esses homens eram criados do primo da tal senhora. Parece que Vossa Senhoria desconfia de mim, e está a querer guardar um segredo que eu gostaria que ninguém soubesse, para que não aconteçam com o meu pai e o senhor Simão desgraças maiores.

— Tem razão, Mariana, eu não devia esconder de você o confronto que aconteceu.

— E Deus queira que seja o último! Tenho pedido muito ao Senhor dos Passos que lhe dê remédio para essa paixão! O pior, pressinto eu, ainda está por vir.

— Não, menina, isto acaba assim: eu vou para Coimbra, assim que esteja bom, e a menina da cidade fica na sua casa.

— Se assim for, já prometi duas libras de velas ao Senhor dos Passos; mas não me diz o coração que Vossa Senhoria vá fazer o que diz.

— Muito agradecido pelo bem que me deseja — disse Simão, comovido. — Não sei o que lhe fiz para merecer a sua amizade.

— Basta ver o que o seu paizinho fez pelo meu — disse ela, limpando as lágrimas. — O que seria de mim se ele me faltasse, e se fosse para a forca como todo mundo dizia! Eu era ainda muito nova quando ele foi parar na prisão. Tinha treze anos; mas estava resolvida a atirar-me ao poço, se ele fosse condenado à morte. Se o exilassem, então ia com ele, ia morrer onde ele fosse morrer. Não há dia nenhum que eu não peça a Deus que dê ao seu pai tantos prazeres como quantas estrelas há no céu. Certa vez, fui de propósito à cidade beijar os pés da sua mãezinha, e vi as suas irmãs, e uma, que era a mais nova, deu-me uma saia de sarja de seda, que eu ainda tenho guardada como uma relíquia. Depois, cada vez que ia à feira, dava uma grande volta para ver se encontrava de novo a senhora D. Ritinha à janela; e muitas vezes vi o senhor Simão. E talvez não saiba que eu estava a beber na fonte quando a Vossa Senhoria, há dois ou três anos, deu muita pancada nos criados, que foi uma confusão tamanha que parecia o fim do mundo. Eu vim contar ao pai, e ele até caiu ao chão a rir como um doido. Depois nunca mais o vi senão quando Vossa Senhoria entrou com o tio de Coimbra; mas já sabia que vinha para esta desgraça, porque tinha tido um sonho, em que via muito sangue, e eu estava a chorar, porque via uma pessoa muito minha amiga a cair numa cova muito funda.

— Isso são apenas sonhos, Mariana!

— São sonhos, são; mas eu nunca sonhei nada que não acontecesse. Quando o meu pai matou o almocreve, sonhei que o via dar um tiro noutro homem; antes da minha mãe morrer, eu acordei a chorar por ela, e ela só viveu mais dois meses. As pessoas da cidade riem dos sonhos, mas só Deus sabe o que isso significa. Aí vem o meu pai. Ah! Meu Senhor dos Passos! Que não traga uma má notícia!

João da Cruz entrou com uma carta que recebeu da pobre mendiga de costume. Enquanto Simão leu a carta escrita do convento, Mariana fitou os grandes olhos azuis no rosto do acadêmico, e, a cada contração do rosto dele, o coração dela se angustiava. Não controlou a sua ânsia, e perguntou:

— É notícia ruim?

— És muito atrevida, rapariga! — disse João da Cruz.

— Não é, não — atalhou o estudante. — Não é má a notícia, Mariana. Senhor João, deixe-me ter na sua filha uma amiga, que os desgraçados é que sabem avaliar quem são os amigos.

— Isso é verdade; mas eu não me atreveria a perguntar o que a carta diz.

— Nem eu perguntei, meu pai; foi porque me pareceu que o sr. Simão estava aflito quando lia.

— E não se enganou — disse o doente, voltando-se para o ferrador. — O pai arrastou Teresa para o convento.

— Ele é mesmo um patife! — disse o ferrador, fazendo com os braços instintivamente um movimento de quem aperta entre as mãos um pescoço.

Neste lance, um observador perspicaz veria luzir nos olhos de Mariana um clarão de inocente alegria.

Simão sentou-se, e escreveu sobre uma cadeira, ao que Mariana espontaneamente se aproximou dizendo:

— Enquanto escreve, vou olhar o caldinho, que está a ferver.

Dizia a carta de Simão:

É necessário sair daí. Há de ter um modo de fugir desse convento. Procura-o, e diz-me a noite e a hora em que devo te esperar. Se não puderes fugir, essas portas hão de abrir-se diante da minha cólera. Se daí te mandarem para outro convento mais longe, avisa-me, que eu vou, sozinho ou acompanhado, roubar-te no caminho. É indispensável que te refaças de ânimo para não se assustar com os arrojos da minha paixão. És minha! E não sei de que me serve a vida, se não me sacrificar a salvar-te. Creio em ti, Teresa, creio. Vais ser fiel a mim na vida e na morte. Não sofras com paciência; luta com heroísmo. A submissão é uma desonra, quando o poder paternal é uma afronta. Escreve-me a toda hora que possas. Eu estou quase bom. Diz-me uma palavra, chama-me e eu sentirei que a perda do sangue não diminui as forças do meu coração.

Simão pediu a sua carteira, tirou dinheiro em prata, deu-o ao ferrador, e recomendou-lhe que o entregasse à pobre mendiga com a carta.

Depois ficou relendo a de Teresa, recordando-se da resposta que dera.

Mestre João foi à cozinha e disse a Mariana:

— Desconfio de uma coisa, rapariga.

— O que é, meu pai?

— O nosso doente está sem dinheiro.

— Por quê? Como o pai sabe isso?

— É que ele pediu-me para lhe passar a sua carteira, e ela pesava tanto quanto uma bexiga de porco cheia de vento. Isso me dói por dentro! Queria oferecer-lhe dinheiro, mas não sei como fazer.

— Eu pensarei nisso, meu pai — disse Mariana, refletindo.

— Pois sim; pense você, que tens melhores ideias que eu.

— E, se o pai não quiser gastar os seus quatrocentos, eu tenho aquele dinheiro dos meus bezerros; são onze moedas de ouro menos um quarto.

— Pois sim, falaremos depois: pensa primeiro no modo de ele aceitar sem remorsos.

Remorsos, na linguagem pouco castigada do mestre João, era sinônimo de ofensas ou repugnância.

Mariana foi levar o caldo a Simão, que ele rejeitou de modo distraído em profundos pensamentos.

— Pois não quer tomar o caldo? — disse ela com tristeza.

— Não posso, não tenho vontade, menina; tomarei mais tarde. Deixe-me sozinho por agora; vá, vá; não passe o seu tempo ao lado de um doente aborrecido.

— Você não me quer aqui? Irei, e voltarei quando Vossa Senhoria chamar.

Mariana dissera isso com os olhos a verterem lágrimas.

Simão notou as lágrimas, e pensou um momento na dedicação da rapariga; mas não lhe disse palavra alguma.

Ficou antes a pensar na sua própria situação espinhosa. Deviam ocorrer-lhe ideias de insegurança, algo que os romancistas raras vezes atribuem aos seus heróis. Nos romances, todas as crises se explicam, menos a crise vulgar da falta de dinheiro. Entendem os romancistas que o tema é simplório e de baixo valor. O estilo não tem boa vontade com as coisas rasas. Balzac fala muito em dinheiro; mas dinheiro a milhões. Não conheço, nos cinquenta livros que tenho dele, um galã num entreato da sua tragédia a pensar no modo de arranjar uma quantia com que pague ao alfaiate, ou no modo de se desembaraçar das armadilhas que um agiota lhe lança, desde a casa do juiz de paz a todas as esquinas, de onde o assaltam o capital e os juros de oitenta por cento. Disso é que os mestres em romance se escapam sempre. Bem sabem eles que o interesse do leitor congela no mesmo passo a que o herói se encolhe nas proporções de heroizinhos de botequim, de quem o leitor mais abastado foge por instinto, e o outro foge também, porque não tem o que fazer com ele. A coisa é vilmente prosaica, de todo o meu coração o confesso. Não é bonito deixar-se vulgarizar o herói a ponto de pensar na falta de dinheiro, um momento depois que escreveu à mulher estremecida uma carta como aquela de Simão Botelho. Quem a lesse diria que o rapaz tinha posto, em diferentes estações das estradas do país, carroças e folgadas parelhas de mulas para transportarem a Paris, a Veneza ou ao Japão a bela fugitiva! As estradas, naquele tempo, deviam ser boas para isso; mas não tenho a certeza de que houvesse estradas para o Japão. Agora creio que há, porque me dizem que se têm criado de tudo.

Pois eu já lhes fiz saber, leitores, pela boca de mestre João, que o filho do corregedor não tinha dinheiro. Agora lhes digo que era em dinheiro que ele pensava profundamente quando Mariana lhe trouxe o caldo rejeitado.

A meu ver, deviam atribulá-lo estes pensamentos:

Como pagaria a hospitalidade de João da Cruz?

Com que agradeceria os cuidados de Mariana?

Se Teresa fugisse, com que recursos proveria a subsistência de ambos?

Ora, Simão Botelho saíra de Coimbra apenas com a sua mesada, que não era grande, e quase a gastara toda com o aluguel dos cavalos, e com a gorjeta generosa que dera ao tropeiro, a quem devia a apresentação ao prestativo ferrador.

Os restos desse dinheiro dera à portadora da carta naquele dia. Que péssima situação!

Pensou em escrever à mãe. Mas o que ele lhe diria? Como explicaria estar residindo agora naquela casa? Se o fizesse, não ia dar indícios da morte misteriosa dos dois criados de Baltasar Coutinho?

Além do que, sabia ele, que a mãe não o amava; e, se lhe mandasse algum dinheiro em segredo, seria escassamente o necessário para a viagem até Coimbra. Que péssima situação!

Cansado de pensar, favoreceu-o a providência reservada aos infelizes e caiu num sono profundo.

Mariana entrara pé ante pé na sala, e, ouvindo-lhe a respiração alta, aventurou-se a entrar no quarto. Cobriu com um lenço de tecido fino o rosto de Simão, em volta do qual zumbiam algumas moscas. Viu a carteira sobre uma cadeira que adornava o quarto, pegou-a, e saiu pé ante pé. Abriu a carteira, viu papéis, que não soube ler, e num dos compartimentos apenas duas moedas de seis vinténs. Foi restituir a carteira ao seu lugar e pegou de um cabide as calças, colete e jaqueta à espanhola do hóspede. Examinou os bolsos e não encontrou um centavo.

Retirou-se para um canto escuro do sobrado e meditou. Esteve meia hora assim, e meditava angustiada a nobre rapariga. Depois, ergueu-se de repente, e conversou muito tempo com o pai. João da Cruz escutou-a, contrariou-a, mas deixava sempre se render pelas réplicas da filha, até que, afinal, disse:

— Farei o que dizes, Mariana. Dá-me cá o teu dinheiro, pois não vou levantar agora a pedra da lareira para tirar do caixote quatrocentos mil-réis. Tanto faz um como o outro: é todo teu.

Mariana foi a correr até a arca, de onde tirou uma bolsa de linho com dinheiro e alguns cordões, anéis e brincos. Guardou o ouro numa bolsa, e deu a bolsa ao pai.

João da Cruz selou a égua e saiu. Mariana dirigiu-se então para a sala do doente.

E acordou Simão.

— Não sabe? — exclamou ela com uma cara entre o alegre e o assustado, perfeitamente contrafeita.

— Que é, Mariana?

— A sua mãezinha sabe que Vossa Senhoria está aqui.

— Sabe? Isso é impossível! Quem lhe disse isso?

— Não sei; o que sei é que ela mandou chamar o meu pai.

— Isso espanta-me! E não me escreveu?

— Não, senhor! Agora me veio a ideia de que talvez ela soubesse que o senhor esteve aqui, e pense que não está mais, e por isso não lhe escreveu. Será?

— Pode ser; mas quem lhe teria contado!? Se ela sabe disso, então podem suspeitar da morte dos homens.

— Pode ser que não; e, ainda que desconfiem, não há testemunhas. O pai disse que não tinha medo. O que for será. Não esteja agora a pensar nisso. Vou-lhe buscar o caldinho, sim?

— Vá, se quiser, Mariana. O Céu trouxe pra mim a amizade de uma irmã.

Não achou a rapariga, na sua alegre alma, palavras para responder à doçura que o rosto do mancebo exprimia.

Veio com o "caldinho" — diminutivo que a retórica de uma linguagem meiga sanciona; mas contra o qual protestava a larga e funda malga branca, ao lado da travessa com meia galinha loira e gorda.

— Trouxe tanta coisa — exclamou, sorrindo, Simão.

— Coma o que puder — disse ela corando. — Eu bem sei que os senhores da cidade não comem em tigelas tão grandes, mas eu não tinha outra; e coma sem nojo, que esta tigela nunca foi usada, fui comprar numa loja, por pensar que Vossa Senhoria não quis ontem comer por estranhar a outra.

— Não, Mariana, não seja injusta, eu não comi ontem pela mesma razão porque não como agora: não tinha, nem tenho, vontade.

— Mas coma, estou lhe pedindo. Perdoe o meu atrevimento. Faça de conta que é uma das suas irmãs que lhe pede. Como ainda agora me disse.

— Que o Céu trouxe para mim a amizade de uma irmã.

— Pois aí está.

Simão achou o sacrifício tão necessário à sua recuperação como ao contentamento da carinhosa Mariana. Passou-lhe na mente, sem sombra de vaidade, a conjetura de que era amado por aquela doce criatura. Dizia a si mesmo que seria uma crueldade demonstrar que percebia conhecedor de tal afeição, quando não tinha como para retribuir, nem que fosse apenas para lhe agradar. Assim mesmo, bem longe de se incomodar, lisonjeavam-no os cuidados da gentil rapariga. Ninguém percebe sobre si o peso do amor que inspira nos outros, mas não retribui. Nas grandes aflições, nas derradeiras horas do coração e da vida, é gratificante ainda sentir-se amado quem já não pode encontrar no amor diversão, nem soldar o último fio que está a ponto de se partir. Orgulho ou insaciabilidade do coração humano, seja o que for, com o amor que nos dão é que nós avaliamos internamente quanto valemos.

Não desagradava, portanto, o amor de Mariana ao amante apaixonado por Teresa. Isso será complicado no severo tribunal das minhas leitoras; mas, se me permitem ter opinião, a culpa de Simão Botelho está na natureza fraca, que é uma ostentação no céu, no mar e na terra, e toda a incoerência, absurdos e vícios do homem, que se aclamou a si próprio rei da criação, e nesta boa-fé contínua vai vivendo e morrendo.

Capítulo IX

João da Cruz deteve-se por duas horas fora de casa. E neste período a curiosidade do estudante já havia se transformado em sofrimento.

— Estará o seu pai preso? — dissera ele a Mariana.

— Não me diz isso o coração, e o meu coração nunca me engana — respondeu ela.

E Simão replicou:

— E o que lhe diz o coração a meu respeito, Mariana? As minhas desgraças ficarão por aqui?

— Queria dizer-lhe a verdade, senhor Simão. Mas não posso.

— Diga, eu lhe peço, porque tenho fé no bom anjo que fala dentro de sua alma. Diga.

— O meu coração diz-me que as suas desgraças ainda estão apenas a começar.

Simão ouviu-a atentamente, e não respondeu. Assombrou-lhe o ânimo a forma como esta ideia terrível foi proferida pela singela rapariga: "Pensará ela em desviar-me de Teresa, para se fazer amar?".

Pensava assim quando chegou o ferrador.

— Aqui estou eu de volta — disse ele com um rosto festivo. — A sua mãe mandou-me chamar.

— Já sei. E como soube ela que eu estava aqui?

— Ela sabia que o fidalgo estivera cá; mas pensava que Vossa Senhoria já tinha ido para Coimbra. Quem lhe disse eu não sei, nem perguntei; porque para uma pessoa de respeito não se fazem perguntas. Dizia ela que sabia o fim a que o senhor viera esconder-se aqui. Ralhou alguma coisa; mas eu, cá como pude, apena fiz de a ouvir, e não há novidades. Perguntou-me o que seu filho estava a fazer aqui depois que a fidalguinha foi para o convento. Disse-lhe que Vossa Senhoria estava adoentado de uma queda do cavalo. Voltou ela a perguntar-me se o senhor tinha dinheiro; e eu disse que não sabia. E depois, foi para dentro de casa e voltou daí a pouco com este embrulho, para eu lhe entregar. Aí está tudo o que ela mandou; não sei quanto é.

— E não me escreveu?

— Disse que não podia ir à escrivaninha, porque lá estava o senhor corregedor — respondeu com firmeza mestre João. — E também recomendou que não lhe escrevesse Vossa Senhoria senão de Coimbra, porque se o seu pai soubesse que o menino cá estava, ia tudo de rastos lá em casa. Ora aí está.

— E não lhe falou nos criados de Baltasar?

— Nem um pio! Na cidade ninguém mais falava nisso hoje.

— E que lhe disse da senhora D. Teresa?

— Nada, senão que foi para o convento. Agora deixe-me ir secar a égua, que está a escorrer água. Ó rapariga, traz-me cá a manta.

Enquanto Simão contava onze moedas menos um quarto, maravilhado da estranha generosidade, Mariana, abraçando o pai no compartimento vizinho da casa, exclamava:

— Arranjou muito bem a mentira!

— Ó rapariga, quem mentiu foste tu! Aquilo lá o arranjaste tu com essa tua cabecinha! Mas a coisa saiu bem, hein? Ele acreditou por completo! Ficaste sem os bezerros; mas lá virá o tempo em que ele te dará bois a troco dos bezerros.

— Eu não fiz isso por interesse, meu pai — atalhou ela ressentida.

— Olha o milagre! Isso eu sei; mas, como diz lá o ditado: quem semeia colhe.

Mariana ficou pensativa e disse para si mesma: "Ainda bem que ele não pode pensar de mim o que o meu pai pensa. Deus sabe que não tenho nenhuma esperança interesseira no que fiz".

Simão chamou o ferrador e disse-lhe:

— Meu caro João, se eu não tivesse dinheiro, aceitava sem repugnância os seus favores, e creio que vosmecê os faria sem esperança de ganhar com eles; mas, como recebi esta quantia, há de consentir que eu lhe dê parte dela para os meus alimentos. Por gratidão, ainda vão restar dívidas que não se pagam, pelas quais nunca vou me esquecer de si e da sua boa filha. Tome este dinheiro.

— As contas são feitas apenas no fim — respondeu o ferrador, retirando a mão — e ninguém nos há de ouvir, se Deus quiser. Se eu precisar de dinheiro, aqui virei. Por ora, ainda há o quintal cheio de galinhas, e o pão nós fazemos todas as semanas.

— Mas aceite — insistiu Simão — e dê-lhe a aplicação que quiser.

— Em minha casa ninguém dá ordem senão eu — respondeu mestre João, com simulado aborrecimento. — Guarde o seu dinheiro, fidalgo, e não falemos mais nisso, se quer seguir direito até o fim.

Nos cinco dias que se seguiram, Simão recebeu regularmente cartas de Teresa, umas resignadas e confortadoras, outras escritas na violência exasperada da saudade. Uma dizia:

O meu pai deve saber que estás aí, e, enquanto aí estiveres, decerto não me tira do convento. Seria bom que fosses para Coimbra, e deixássemos o meu pai esquecer os últimos acontecimentos. Senão, meu querido, nem ele me dá liberdade, nem sei como hei de fugir deste inferno. Não fazes ideia do que é um convento! Se eu pudesse fazer do meu coração um sacrifício a Deus, teria de procurar uma atmosfera menos viciosa que esta. Creio que em toda a parte se pode orar e ser virtuosa, menos neste convento.

Noutra carta exprimia-se assim:

Não me deixes, Simão; não vás para Coimbra. Receio que o meu pai queira me mudar deste convento para outro mais rigoroso. Uma freira disse-me que eu não ficaria aqui; outra afirmou-me que o pai estava a preparar a minha ida para um mosteiro do Porto. Sobretudo, o que me aterroriza, mas que não me desanima, é saber que o intento do meu pai é fazer-me professar meus votos à igreja. Por mais que imagine violências e tiranias, nenhuma vejo capaz de me forçar a fazer esses votos. E eu não posso professar sem viver como noviça durante um ano, e ir às afirmações de votos por três vezes; hei de responder sempre que não. Se eu pudesse fugiria daqui! Ontem fui até a cerca, e lá vi uma porta que dá para a estrada. Soube que algumas vezes aquela porta se abre para entrarem carros que trazem lenha; mas infelizmente não se torna a abrir até o princípio do inverno. Se não puder ser antes, meu Simão, fugirei nessa época.

Tiveram, entretanto, bom e pronto êxito as providências de Tadeu de Albuquerque. A superiora do convento de Monchique, religiosa de grandes virtudes, pensando que a filha do primo, muito devota e com amor a Deus se recolhia ao mosteiro por vontade própria, preparou-lhe a casa, e congratulou-se com a tão fervorosa resolução da sobrinha. Teresa não recebeu a carta congratulatória, porque fora parar à mão do seu pai. Continha ela reflexões tentando desvanecê-la do propósito, se algum desgosto passageiro a impelia à imprudência de procurar um refúgio onde as paixões se exacerbavam mais.

Tomadas todas as precauções, Tadeu de Albuquerque fez avisar a filha de que a sua tia de Monchique a queria ter na sua companhia algum tempo, e que a jornada se faria na madrugada do dia seguinte.

Teresa, quando recebeu a surpreendente notícia, já tinha enviado a carta daquele dia a Simão. Na sua aflitiva perplexidade, resolveu fazer-se de doente, e tão febril estava do nervosismo que dispensava o fingimento. O velho não se importou com o seu estado; mas o médico do mosteiro reagiu contra a desumanidade do pai e da abadessa, interessada na violência. Quis Teresa nessa noite escrever a Simão; mas a criada da superiora do convento, obedecendo às suspeitas da ama, não abandonou a cabeceira do leito da enferma. A causa dessas suspeitas foi que certa vez, a escrivã, numa hora em que aquele certo vinho estomacal não lhe caiu bem, pôs-se a falar que Teresa passava as noites em oração mental, e tinha correspondência com um anjo do Céu por intervenção de uma mendiga. Algumas religiosas tinham visto a mendiga no pátio do convento esperando a esmola de Teresa; mas até aquele momento pensavam que aquela pobre era uma antiga criada devota da menina. As palavras irônicas da escrivã foram comentadas por todo canto, e a mendiga recebeu ordem de sair da portaria. Teresa, num ímpeto de angústia, quando tal soube, correu para uma janela, chamou a pobre que se retirava assustada, e lançou-lhe ao pátio um bilhete com estas palavras:

É impossível a nossa correspondência. Vou ser tirada daqui para outro convento. Espera em Coimbra notícias minhas.

Isso foi rapidamente reportado à abadessa, e logo, às ordens dela, partiu o horticultor do convento no encalço da pobre. O homem seguiu-a até fora de portas, espancou-a, tirou-lhe o bilhete, e voltou ao convento para apresentá-lo a Tadeu de Albuquerque. A mendiga não retrocedeu; dirigiu-se à casa do ferrador e contou a Simão o acontecido.

Simão, num ímpeto, lançou-se fora da cama e chamou João da Cruz. Naquele momento crítico, queria ouvir uma voz, queria poder chamar o amigo a lutar ao seu lado. O ferrador ouviu a história e deu o seu conselho: "É melhor esperar pra ver o que vai acontecer". Simão repeliu a prudencial frieza do confidente, e disse que partia para Viseu imediatamente.

Mariana estava ali; ouvira a confidência, e achara acertada a opinião do pai. Vendo, porém, a impaciência do hóspede, pediu licença para falar onde não era chamada, e disse:

— Se o senhor Simão quer, eu vou à cidade e procuro no convento a Brito, que é uma rapariga minha conhecida, uma servente no convento, e dou-lhe uma carta sua para entregar à fidalga.

— Isso é possível, Mariana? — exclamou Simão, a ponto de abraçar a rapariga.

— Pois então! — disse o ferrador. — O que pode fazer-se, faz-se. Vai-te vestir, rapariga, que eu vou selar a égua.

Simão sentou-se a escrever. Tão embaralhadas lhe acudiam as ideias, que não atinava a formar o plano mais proveitoso à situação de ambos. Ao cabo de uma longa vacilação, dizia a Teresa que fugisse, pela madrugada, quando a porta estivesse aberta, ou obrigasse a porteira a abri-la. Dizia-lhe que marcasse a hora do dia seguinte em que ele a devia esperar com dois cavalos para a fuga. Em recurso extremo, prometia assaltar com homens armados o mosteiro, ou incendiá-lo para que abrissem as portas. Este era o plano mais parecido com o espírito do acadêmico. Em fogo vivo ardia aquela pobre cabeça! Fechada a carta, começou a andar de um lado para o outro, como se obedecesse a impulsos desencontrados. Cravava as unhas na cabeça e arrancava fios de cabelos. Investia como cego contra as paredes, e sentava-se um momento para erguer-se com ímpeto mais furioso. Agarrava involuntariamente as pistolas e sacudia intensamente os braços. Abria a carta para relê-la, e estava a ponto de rasgá-la, pensando que seria tarde, ou que não lhe chegaria às mãos. Nesse conflito de projetos, entrou Mariana, mas Simão estava muito alucinado que não percebeu suas lágrimas.

O que tu sofrias, mulher pura de nobre coração! Se o que fazes por esse rapaz é gratidão ao homem que salvou a vida do teu pai, que rara virtude a tua! Se o amas, ao lhe dar alívio às dores, tu mesma lhe desempedes o caminho por onde ele há de fugir para sempre, que nome darei ao teu heroísmo? Que anjo te dotou o coração para a santidade desse obscuro martírio?

— Estou pronta — disse Mariana.

— Aqui tem a carta, minha boa amiga. Faça o possível para não vir sem resposta — disse Simão, dando-lhe com a carta um embrulho de dinheiro.

— E o dinheiro também é para a senhora? — disse ela.

— Não, é para você, Mariana; compre um anel.

Mariana pegou a carta e voltou rapidamente as costas, para que Simão não lhe visse o gesto de despeito, se não mesmo de desprezo.

O acadêmico não ousou chamar por ela, vendo-a apressar-se encaminhando-se para o quintal, onde o ferrador selava a égua.

— Não lhe bata muito com a vara — disse João da Cruz a Mariana, que, de um pulo, se assentou na sela, coberta com um pano escarlate.

— Vai assim amarela como cidra, rapariga? — exclamou ele, reparando na palidez da filha. — O que tens?

— Nada; que hei de eu ter? Dê-me cá a vara, meu pai.

A égua partiu a galope, e o ferrador, no meio da estrada, a rever-se na filha e na égua, disse para si mesmo, e Simão ouviu:

— Tu vales mais, rapariga, que todas as fidalgas de Viseu! Pela mais adornada, eu não dava minha égua; e, se até mesmo viesse o Califa de Marrocos pedir-me a filha, nem pelos diabos eu lhe dava! Isso é que são mulheres, e o resto é história!

Capítulo X

Mariana parou defronte ao mosteiro e foi à portaria chamar a sua amiga Brito.

— Que bela rapariga! — disse o padre capelão, que estava próximo à lateral da porta, falando com a abadessa acerca da salvação das almas e bebendo de uns pequenos barris de vinho do Pinhão que ele recebera naquele dia e do qual tinha engarrafado uma parte para tonificar o estômago da superiora do convento.

— Que bela rapariga! — tornou a dizer, com um olho nela e outro no visor da porta, onde se remoía a ciumenta abadessa.

— Deixe pra lá a rapariga e diga quando é que a servente pode buscar o vinho.

— Quando quiser, senhora abadessa; mas repare bem nesses olhos, no feitio, no todo da rapariga!

— Pois repare o senhor, padre João — respondeu a freira —, que eu tenho mais que fazer.

E retirou-se com o coração ferido, e o queixo superior a escorrer lágrimas pelo uso apressado do tabaco.

— De onde é vosmecê? — disse brandamente o padre capelão.

— Sou da aldeia — respondeu Mariana.

— Isso eu vi; mas de que aldeia?

— Não estou aqui para me confessar.

— Mas não faria mal se se confessasse a mim, menina, que sou padre.

— Isso eu vejo.

— Que gênio mau você tem!

— É o que você vê.

— Quem procura cá no convento?

— Já mandei chamar quem procuro.

— Mariana, és tu? Venha cá!

A rapariga fez uma cortesia com a cabeça ao padre capelão, e foi até a grade que separava o convento do mundo externo, de onde vinha aquela voz.

— Eu queria falar contigo em particular, Joaquina — disse Mariana.

— Eu vou ver se encontro uma sala. Espera aí.

O padre tinha saído do pátio, e Mariana, enquanto esperava, examinou, uma a uma, as janelas do mosteiro. Numa das janelas, através das barras de ferro, viu uma rapariga sem hábito.

— Será aquela? — perguntou Mariana ao seu coração, que palpitava. — Se eu fosse amada como ela!

— Sobe aquelas escadinhas, Mariana, e entra na primeira porta do corredor, que eu vou em seguida — disse Joaquina.

Mariana deu alguns passos, olhou novamente para a janela onde vira a rapariga sem hábito, e repetiu ainda:

— Ah! se eu fosse amada como ela!

Mal entrou na grade, disse à sua amiga:

— Olha lá, Joaquina, quem é aquela menina muito branca, alva como leite, que estava ali agora à janela?

— Deve ser alguma noviça, pois há aqui duas muito lindas.

— Mas ela não tinha nenhum traje de freira.

— Ah! Já sei; é a D. Teresinha Albuquerque.

— Então não me enganei — disse Mariana, pensativa.

— Pois tu a conheces?

— Não; mas por causa dela é que vim falar contigo.

— O que se passa? Que tens tu com a fidalga?

— Eu, por mim, nada; mas conheço uma pessoa que lhe quer muito.

— O filho do corregedor?

— Esse mesmo.

— Mas esse está em Coimbra.

— Isso eu não sei, mas fazes-me um favor?

— Se eu puder.

— Podes. Eu queria falar com ela.

— Ó diabo! Isso não sei se será possível. As freiras a mantêm sob vigilância, e ela vai embora amanhã.

— Para onde?

— Para outro convento, não sei se de Lisboa, se do Porto. As malas já estão prontas, e ela está triste por sair. Mas o que queres dela?

— Não posso dizer, porque não sei. Queria dar-lhe um papel. Traga ela até aqui que eu darei tecido para um vestido.

— Como estás rica, Mariana! — atalhou, rindo, Joaquina. — Eu não quero os teus tecidos, rapariga. Se eu puder dizer-lhe que venha, sem que ninguém me ouça, farei. E agora tenho de sair, porque tocou o sino. Deixa-me ir.

Joaquina saiu-se bem da difícil incumbência. Teresa estava sozinha, absorvida em pensamentos, com os olhos focados onde vira Mariana.

— A menina pode fazer o favor de vir comigo depressinha? — disse-lhe a criada.

Seguiu-a Teresa, e entrou na sala com grade, que Joaquina fechou, dizendo:

— Assim que terminar, bata por dentro para eu lhe abrir a porta. Se perguntarem por Vossa Excelência, direi que está no miradouro.

A voz de Mariana tremia quando Teresa lhe perguntou quem estava ali.

— Sou a portadora desta carta para Vossa Excelência.

— É de Simão? — exclamou Teresa.

— Sim, minha senhora.

A reclusa leu convulsivamente a carta duas vezes, e disse:

— Eu não posso escrever uma resposta, porque tiraram-me o tinteiro, e não há quem possa me emprestar outro. Diga a ele que vou de madrugada para o convento de Monchique, no Porto. Que não fique aflito, porque eu estou firme. Mas que não venha cá, porque isso seria inútil, e muito perigoso. Que vá me ver no Porto, pois hei de arranjar modo de falar com ele. Diga-lhe isso, sim?

— Sim, minha senhora.

— Não se esqueça. Que ele não venha aqui de modo nenhum. É impossível fugir, e estou sempre muito vigiada. Estarão comigo o primo Baltasar, as minhas primas e o meu pai, e não sei quantos serão os criados carregando a bagagem e nas liteiras. Encontrar-me no caminho seria uma loucura com resultados perigosos. Diga-lhe tudo, sim?

Joaquina disse de fora da porta:

— Menina, a abadessa já começou a procurá-la.

— Adeus, adeus — disse Teresa, sobressaltada. — Tome lá esta lembrança como prova da minha gratidão.

E tirou do dedo um anel de ouro, que ofereceu a Mariana.

— Não aceito, minha senhora.

— Por que não aceita?

— Porque não fiz nenhum favor a Vossa Excelência. Se receber alguma paga há de ser de quem me mandou. Fique com Deus, minha senhora, e que seja feliz.

Saiu Teresa, e Joaquina entrou na grade.

— Já vais embora, Mariana?

— Vou, pois tenho pressa; um dia virei conversar mais contigo. Adeus, Joaquina.

— Pois não me contas o que se passa? O amor da fidalga está por perto? Conta, que eu não digo nada, rapariga!

— Para a próxima, para a próxima; obrigada, Joaquininha.

Mariana, durante a veloz caminhada, foi repetindo o recado da fidalga; e, se alguma vez se distraía desse exercício de memória, era para pensar nas feições da amada do seu hóspede, e dizer, como em segredo, ao seu coração: "Não lhe bastava ser fidalga e rica: é, para além disso, linda como nunca vi outra!". E o coração da pobre rapariga, avergando ao que a consciência lhe dizia, chorava.

Simão, de uma fresta do visor do seu quarto, espreitava ao longo do caminho, ou se concentrava à espera de ouvir os galopes da égua.

Ao avistar Mariana, desceu ao quintal, desprezando cautelas e esquecido da ferida, que estava bem pior naquele dia, o oitavo depois do tiro.

A filha do ferrador deu-lhe o recado, sem se esquecer de quaisquer palavras. Simão escutara-a tranquilamente até o ponto em que ela lhe disse que o primo Baltasar a acompanharia ao Porto.

— O primo Baltasar! — murmurou ele com um sorriso sinistro. — Sempre esse primo Baltasar, cavando a sua sepultura e a minha!

— A sua, fidalgo? — exclamou João da Cruz. — Morra ele, que o levem trinta milhões de diabos! Mas Vossa Senhoria há de viver enquanto eu for João. Deixe-a ir para o Porto, que não há perigos num convento. De hora a hora, Deus melhora. O senhor doutor vai para Coimbra, fica por lá algum tempo e, quando o velho menos esperar, a fidalguinha foge-lhe, e é logo sua, tão certo como esta luz que nos ilumina.

— Eu hei de vê-la antes de partir para Coimbra — disse Simão.

— Note que ela me recomendou muito que não fosse lá — acudiu Mariana.

— Por causa do primo? — disse o acadêmico ironicamente.

— Acho que sim, e por talvez não servir de nada ir lá Vossa Senhoria — respondeu timidamente a rapariga.

— Mas, se quiser — bradou mestre João —, rouba-se a rapariga no caminho. E não é preciso dizer mais nada.

— Meu pai, não meta este senhor em confusões maiores! — disse Mariana.

— Não, menina — atalhou Simão —, eu é que não quero meter ninguém em mais confusões. Com a minha desgraça, por maior que ela seja, hei de lutar sozinho.

João da Cruz, assumindo uma gravidade de que a sua figura raras vezes se enobrecia, disse:

— Senhor Simão, Vossa Senhoria não sabe nada do mundo. Não se meta sozinho de cabeça em disputas, contra gente que, como se diz, quando prejudica um homem não lhe deixa tomar fôlego. Eu sou um rústico; mas, sei do que falo, estou como aquele que dizia que as doenças dos seus cavalos o ensinaram a curá-los. Paixões, que o diabo as leve, e quem quiser ir junto. Por causa de uma mulher, ainda que ela seja filha do rei, nenhum homem deve se pôr a perder. Há tantas mulheres como as pragas, como as rãs do charco, que mergulha uma e outras quatro emergem. Um homem rico e fidalgo como Vossa Senhoria pode escolher a que quiser, e com um dote de encher os olhos. Deixe-a ir com Deus ou sob a indignação, que ela, se tiver de ser sua, será, tanto faz andar para trás como para a frente, é um ditado dos antigos. Observe que isso não é medo, fidalgo. Seja atento, que João da Cruz sabe o que é pôr dois homens a olhar para as estrelas de uma vez só, e não sabe o que é medo. Se o senhor quer sair à estrada e tomar tal pessoa do pai, do primo e de um regimento, se for necessário, eu monto a égua, e daqui a três horas estou de volta com quatro homens, que são como quatro dragões.

Simão olhou para os olhos chamejantes do ferrador, e Mariana exclamou, juntando as mãos sobre o seio:

— Meu pai, não lhe dê esses conselhos!

— Cala-te aí, rapariga! — disse mestre João. — Vai tirar a sela à égua e põe-na no sítio. Não estás sendo chamada aqui.

— Não vá aflita, senhora Mariana — disse Simão à rapariga, que se retirava amargurada. — Eu não aproveito nenhum dos conselhos do seu pai. Ouço-o com boa vontade, porque sei que quer o meu bem; mas hei de fazer o que a honra e o coração me aconselharem.

Ao anoitecer, Simão, como estava sozinho, escreveu uma longa carta, da qual extraímos os seguintes pontos:

Considero-te perdida, Teresa. Pode ser que eu não veja o sol de amanhã. Tudo, à minha volta, tem uma cor de morte. Parece que o frio da minha sepultura está a me passar para o sangue e para os ossos.

Não posso ser o que tu querias que eu fosse. A minha paixão não se conforma com a desgraça. Eras a minha vida: tinha a certeza de que as contrariedades não me privavam de ti. Só o receio de te perder me mata. O que me resta do passado é a coragem de ir buscar uma morte digna de mim e de ti. Se tens força para uma agonia lenta, eu não.

Poderia viver com a paixão infeliz; mas este rancor sem vingança é um inferno. No entanto, não hei de deixar barata a vida. Ficarás sem mim, Teresa; mas não deixarei vivo nenhum infame que te persiga depois da minha morte. Tenho ciúmes de todas as tuas horas. Hás de pensar com muita saudade no teu esposo do Céu, e nunca tirarás de mim os olhos da tua alma para veres ao pé de ti o miserável que nos matou a realidade de tantas esperanças formosas.

Verás esta carta quando eu estiver num outro mundo, esperando as orações das tuas lágrimas. As orações! Admiro-me desta faísca de fé que me ilumina nas minhas trevas! Deste-me o amor, Teresa. Ainda creio; que não se apaga a luz que é tua; mas a providência divina me desamparou.

Lembra-te de mim. Vive, para explicares ao mundo, com a tua lealdade para uma sombra, a razão porque me atraíram para um abismo. Escutarás com glória a voz do mundo, dizendo que eras digna de mim.

À hora em que leres esta carta...

Não o deixaram continuar a chorar sozinho, não depois da chegada de Mariana. Vinha pôr a mesa para a ceia e, quando desdobrava a toalha, disse em voz abafada, como se fosse para si mesma:

— É a última vez que ponho a mesa ao senhor Simão na minha casa!

— Por que diz isso, Mariana?

— Porque é o que me diz o coração.

Desta vez, o acadêmico ponderou supersticiosamente os ditames do coração da rapariga e, com o seu silêncio meditativo, deu a ela a confirmação antecipada da profecia.

Quando voltou com a travessa da galinha, a filha de João da Cruz vinha a chorar.

— Chora com pena de mim, Mariana? — disse Simão enternecido.

— Choro porque me parece que não o tornarei a vê-lo; ou, se o vir, será de um modo que desejaria morrer antes de o ver.

— Não será, talvez, assim, minha amiga.

— Vossa Senhoria pode me fazer uma única coisa que eu lhe peço?

— Veremos o que pede, menina.

— Não saia esta noite, nem amanhã.

— Pede o impossível, Mariana. Hei de sair, porque morreria se não saísse.

— Então perdoe a minha ousadia. Deus o tenha da sua mão.

A rapariga foi contar ao pai as intenções do acadêmico. Acudiu logo o mestre João combatendo a ideia da saída, alertando-o para os perigos do ferimento. Depois, como não conseguiu dissuadi-lo, resolveu acompanhá-lo. Simão agradeceu a companhia, mas rejeitou-a com firmeza. O ferrador não cedeu do propósito, e estava já a preparar a carabina, e a selar com medida dobrada a égua — para o que desse e viesse, dizia ele —, quando o estudante disse-lhe que, pensando melhor, resolvera não ir a Viseu, e seguir Teresa ao Porto, depois de mais uns dias de convalescença. João da Cruz acreditou facilmente, mas Mariana, sempre submissa ao que o seu coração lhe murmurava, duvidou da mudança repentina, e disse ao pai que vigiasse o fidalgo.

Às onze horas da noite, o acadêmico se levantou e escutou o movimento interior da casa: não ouviu o mais ligeiro ruído, além do rangido da égua. Encheu de pólvora nova as duas pistolas. Escreveu um bilhete para João da Cruz, e juntou-o à carta que escrevera a Teresa. Abriu as duas abas da janela do seu quarto e passou dali para a varanda, e com um salto difícil seguiu até a estrada. Tinha dado alguns passos, quando uma fresta lateral à porta da varanda se abriu e a voz de Mariana lhe disse:

— Então adeus, senhor Simão. Eu fico a pedir a Nossa Senhora que vá na sua companhia.

O acadêmico parou, e ouviu a voz íntima que lhe dizia: "O teu anjo da guarda fala pela boca daquela mulher, cuja inteligência é guiada pelo coração, que é iluminado pelo seu amor".

— Dê um abraço ao seu pai por mim, Mariana — disse-lhe Simão. — E adeus. Até logo, ou...

— Até o Juízo Final — terminou ela.

— O destino há de se cumprir. Seja o que o Céu quiser.

Simão já havia desaparecido nas trevas quando Mariana acendeu a lâmpada do santuário e ajoelhou-se a orar com o fervor das lágrimas.

Era uma hora da madrugada e Simão chegara à frente do convento e contemplava uma a uma as janelas. Em nenhuma vira um clarão de luz; luz, apenas a do lampadário do Sacramento aparecia, mas embaçada e pálida na vidraça de uma fresta do templo. Sentou-se nas escadas da igreja e meditou, ali, imóvel, por quatro horas. Das mil visões que atacaram o seu atribulado espírito, a que mais nitidamente se repetia era a de Mariana suplicante, com as mãos postas sobre o peito; mas, ao mesmo tempo, ele acreditava ouvir os suplícios de Teresa, torturada pela saudade, pedindo ao Céu que a salvasse das mãos dos seus carrascos. A cena do pai, de Tadeu de Albuquerque, arrastando a filha para um convento, não lhe aumentava a sede da vingança; mas cada vez que lhe vinha à mente a imagem odiosa de Baltasar Coutinho, instintivamente as mãos do acadêmico certificavam-se da posse das pistolas.

Às 4h15, a natureza acordou toda em hinos e aclamações com o radiar da alvorada. Os passarinhos contavam na cerca do mosteiro melodias interrompidas pelo toque solene das ave-marias na torre. O horizonte passou de escarlate a esbranquiçado. A púrpura da aurora, como enormes labaredas, desfizera-se em partículas de luz do sol, que circulavam o contorno das montanhas e estendiam-se pelas planícies e várzeas, como se o anjo do Senhor, à voz de Deus, viesse desenrolando aos olhos da criatura as maravilhas do despertar de um novo dia.

E nenhum desses espetáculos do Céu e da Terra atraiu os olhos do rapaz!

Às 4h30, Simão ouviu o som de liteiras, dirigindo-se àquele lugar. Mudou de lugar, seguindo por uma rua estreita, fronteiriça ao convento.

As liteiras vazias estacionaram na portaria. Em seguida, chegaram três senhoras vestidas para uma viagem, que deviam ser as irmãs de Baltasar, acompanhadas por dois criados que puxavam mulas pela mão. As damas foram sentar-se nos bancos de pedra, nas laterais da portaria. Em seguida, abriu-se a grossa porta, rangendo nas dobradiças, e as três senhoras entraram.

Momentos depois, viu chegar à portaria Tadeu de Albuquerque, na companhia de Baltasar Coutinho. O velho mostrava sinais de fraqueza e desânimo. O sobrinho de Castro D'aire, bem-composto de figura e caprichosamente vestido à castelhana, gesticulava com aprumo de quem sustenta as suas razões e consola o tio tomando como simples a dor alheia.

— Nada de lamúrias, meu tio! — dizia ele. — Desgraça seria vê-la casada! Eu lhe prometo antes de um ano trazê-la de volta curada. Um ano de convento é um ótimo remédio para o coração. Não há nada como isso para limpar os restos do vício em corações de meninas bem-criadas.

Se o meu tio a obrigasse, desde menina, a uma obediência cega, agora seria submissa, e ela não se julgaria autorizada a escolher marido.

— Era uma filha única, Baltasar! — dizia o velho, a soluçar.

— Pois por isso mesmo — respondeu o sobrinho. — Se tivesse outra, sofreria menos em perder ou ser desobedecido pela primeira. Passaria o seu nome e a sua casa para a filha mais querida, embora tivesse de impetrar uma ação para deserdar a primogênita. Agora, não vejo outro remédio senão um tratamento de choque; fazer pequenos curativos não resolve nada.

Abriu-se novamente a portaria e saíram as três senhoras e, atrás delas, Teresa.

Tadeu enxugou as lágrimas e deu alguns passos a saudar a filha, que não ergueu os olhos do chão.

— Teresa — disse o velho.

— Aqui estou, senhor — respondeu a filha, sem o encarar.

— Ainda é tempo — disse Albuquerque.

— Tempo de quê?

— Tempo de seres boa filha.

— Não me acusa a consciência de não o ser.

— Precisa de mais? Não queres ir para tua casa e esquecer o maldito que nos trouxe essa desgraça?

— Não, meu pai. O meu destino é o convento. Não irei esquecê-lo nem na morte. Serei uma filha desobediente, mas nunca mentirosa.

Teresa levantou os olhos, viu Baltasar e estremeceu, exclamando:

— Nem aqui!

— Fala comigo, prima Teresa? — disse Baltasar, risonho.

— Sim, falarei! Nem aqui me deixa sem a sua odiosa presença?

— Serei um dos criados que a minha prima leva na sua companhia. Eu tinha outros dois até poucos dias, dignos de a acompanharem; mas um assassino os matou. Então me ofereço para cobrir a falta deles.

— Dispenso-o da delicadeza — disparou Teresa com veemência.

— Eu é que não me dispenso de servir, à falta dos meus dois fiéis criados que um louco matou.

— Assim devia ser — disse ela também irônica —, porque só os covardes se esconden nas costas dos criados deixados para morrer.

— Isso ainda não terminou, minha querida prima — redarguiu o primogênito.

Esse diálogo ocorreu rapidamente, enquanto Tadeu de Albuquerque cortejava a abadessa e as outras religiosas. As quatro senhoras, seguidas de Baltasar, tinham saído do hall de entrada do convento e se depararam com Simão Botelho, encostado à esquina da rua.

Teresa foi quem o avistou primeiro e exclamou:

— Simão!

O filho do corregedor não se moveu.

Baltasar, assombrado com o encontro, fixando os olhos nele, ainda duvidava.

— É incrível que este infame, sem honra, apareça aqui! — disse o de Castro D'aire.

Simão deu alguns passos e retrucou placidamente:

— Sem honra, eu! E por quê?

— Sem honra e assassino! — respondeu Baltasar. — Desapareça da minha vista!

— É estúpido este homem! — disse o acadêmico. — Eu não discuto com sua senhoria. Minha senhora — disse ele a Teresa com a voz comovida e o rosto alterado unicamente pelos afetos do coração —, sofra com resignação, da qual eu lhe estou a dar um exemplo. Leve a sua cruz, sem amaldiçoar a violência, e pode acontecer que na metade do seu calvário a misericórdia divina lhe redobre as forças.

— Que diz este patife? — exclamou Tadeu.

— Ele veio aqui insultá-lo, meu tio! — respondeu Baltasar. — Tem a petulância de se apresentar à sua filha, a confortá-la na sua desobediência! Isso é demais! Tome cuidado que eu te esmago aqui mesmo, vilão!

— Vilão é o desgraçado que me ameaça, sem ousar avançar para mim um passo — redarguiu o filho do corregedor.

— Eu não o faço — exclamou, enfurecido, Baltasar — por entender que me rebaixo, castigando-o, na presença de criados do meu tio, que tu podes supor serem os meus defensores, canalha!

— Se assim é — disse Simão, irônico —, espero nunca me encontrar de novo com sua senhoria. És tão covarde, tão sem dignidade, que direi ao primeiro bêbado para te dar uma surra.

Baltasar Coutinho lançou-se num ímpeto a Simão. Chegou a apertar-lhe a garganta com as mãos; mas logo perdeu o vigor nos dedos. Quando as damas chegaram para se interpor entre os dois, Baltasar tinha o alto do crânio aberto por uma bala, que lhe entrara na fronte. Então ele perdeu as forças, e num segundo caiu desamparado aos pés de Teresa.

Tadeu de Albuquerque gritou a altos brados. Os condutores das liteiras e os criados rodearam Simão, que conservou o dedo no gatilho da outra pistola. Animados uns pelos outros e pelos gritos do velho, iam lançar-se a atacar o rapaz quando um homem, com um lenço no rosto, correu da rua fronteiriça e colocou-se com o bacamarte engatilhado, próximo a Simão. E pararam os homens.

— Fuja, que a égua está no fim da rua — disse o ferrador ao seu hóspede.

— Não fujo. Salve-se, e depressa — respondeu Simão.

— Fuja, que logo se junta o povo e depois a polícia.

— Já lhe disse que não fugirei — respondeu o amante de Teresa, com os olhos postos nela, que a esta altura caíra desfalecida sobre as escadas da igreja.

— Você está perdido! — disse João da Cruz.

— Eu já o estava. Vá-se embora, meu amigo, pela sua filha lhe rogo. Você ainda pode me ser útil; fuja.

As portas e janelas da vizinhança se abriram quando o ferrador correu até alcançar sua égua.

Um dos vizinhos do mosteiro, que, em razão do seu ofício, primeiro saiu à rua, foi o oficial de justiça.

— Prendam-no, prendam-no, que é um assassino — exclamava Tadeu de Albuquerque.

— Quem? — perguntou o oficial.

— Eu — respondeu o filho do corregedor.

— Vossa Senhoria? — disse o oficial espantado; e, aproximando-se, acrescentou a meia-voz: — Venha, que eu o deixo fugir.

— Eu não fujo — disse Simão. — Me entrego. Aqui estão as minhas armas.

E as entregou.

Tadeu de Albuquerque, quando se recobrou da cena, mandou que levassem a filha para uma das liteiras para iniciar a viagem, e ordenou a dois criados que a acompanhassem até o Porto.

As irmãs de Baltasar seguiram o cadáver do irmão para a casa do tio.

Capítulo XI

O corregedor acordara com o barulho e a movimentação que ocorria na sua casa, e perguntou à esposa, que ele acreditava estar acordada no quarto ao lado, que gritaria era aquela. Como ninguém respondeu, ele sacudiu freneticamente a campainha e berrou ao mesmo tempo, nervoso com a hipótese de incêndio na casa. Quando D. Rita foi ao seu encontro, ele estava a enfiar as calças pelo avesso.

— Que estrondo é este? Quem é que grita? — exclamou Domingos Botelho.
— Quem grita mais é o senhor — respondeu D. Rita.
— Sou eu? Mas quem é que chora?
— São as suas filhas.
— E por quê? Diga numa frase.
— Direi: o Simão matou um homem.
— Em Coimbra? E fazem tanto barulho por isso!
— Não foi em Coimbra, foi em Viseu — disse D. Rita.
— A senhora está a gozar comigo? Pois se o rapaz está em Coimbra, como pode ter matado alguém em Viseu? Aí está um caso que nenhuma legislação do Reino pode cuidar.
— Brinca com coisa séria, Meneses! O seu filho matou na madrugada de hoje Baltasar Coutinho, sobrinho de Tadeu de Albuquerque.

Domingos Botelho mudou inteiramente de aspecto.

— E foi preso? — perguntou o corregedor.
— Está na casa do juiz de fora.
— Sabe como aconteceu e qual a razão dessa morte? Mande-me chamar o oficial de justiça. Mande chamá-lo sem demora.
— Por que o senhor não se veste e vai à casa do juiz?
— Que vou eu fazer na casa do juiz?
— Saber da boca do seu filho como tudo se passou.
— Nessa situação, eu não sou o pai: sou o corregedor. Não cabe a mim interrogá-lo. Senhora D. Rita, e não quero ouvir choradeiras, diga às meninas que se calem, ou que vão chorar no jardim.

O oficial foi chamado e relatou tudo o que sabia, e disse ter concluído que o amor à filha do Albuquerque fora causa daquele desastre.

Domingos Botelho, depois de ouvir a história, disse ao oficial:

— O juiz de fora que cumpra as leis. Se ele não for rigoroso, eu o obrigarei a sê-lo.

Após a saída do oficial, D. Rita Preciosa disse ao marido:

— Que significa esse modo de falar do seu filho?
— Significa que sou corregedor desta comarca, e que não protejo assassinos por ciúmes, e ainda mais ciúmes da filha de um homem que eu desprezo. Preferia mil vezes ver Simão morto a ligado a essa família. Escrevi-lhe muitas vezes dizendo que o expulsaria da minha casa apenas se alguém me desse provas de que ele mantinha correspondência com tal mulher. Não há de querer a senhora que eu vá sacrificar a minha integridade profissional com um filho rebelde e, ainda por cima, um homicida.

D. Rita, um tanto por afeto maternal e bastante por espírito de contradição, tentou refutar tais palavras; mas desistiu ao perceber a extraordinária resistência e cólera do marido, tão enraivecido e áspero em palavras como ela nunca o vira antes. E ainda lhe disse:

— Senhora, em coisas de pouca importância o seu conselho era tolerável; em questões de honra, o seu conselho não me serve de nada: deixe-me!

Quando ouviu isso, D. Rita reparou na fisionomia de Domingos Botelho, sentiu-se incapaz de o enfrentar e retirou-se.

Nesse tempo, o juiz de fora a ele foi anunciado e o aguardava na sala de espera. O corregedor foi recebê-lo, mas não com o rosto afetuoso de quem vai agradecer a delicadeza e implorar misericórdia, em vez disso ele ia carrancudo e mais parecendo que ia repreender o juiz, por ter acreditado que com ele a balança da Justiça pendia para o lado que quisesse.

— Começo por dar a Vossa Senhoria os meus pêsames pela desgraça do ocorrido — disse o juiz.

— Obrigado, Vossa Senhoria. Estou a par de tudo. O processo está instaurado?

— Eu não podia deixar de aceitar a queixa.

— Se não a aceitasse, eu o obrigaria ao cumprimento dos seus deveres.

— A situação do senhor Simão Botelho é péssima. Ele confessou tudo. Diz que matou o carrasco da mulher que ele amava.

— Fez muito bem — interrompeu o corregedor, soltando uma tosse seca e rouca.

— Perguntei-lhe se foi em legítima defesa, e fiz-lhe sinal para que respondesse afirmativamente. Mas ele respondeu que não; se fosse para se defender, tinha-o feito com a ponta da bota, e não com um tiro. Procurei todos os modos honestos de o levar a dar algumas respostas que denotassem alucinação ou demência; ele, porém, responde com tanta frieza e presença de espírito que é impossível supor que o assassínio não foi perpetrado intencionalmente e de posse de seus sentidos. Aqui o senhor está numa complicada e triste posição. Queria ajudar-lhe, e não posso.

— E eu não posso e nem quero, senhor doutor juiz. Ele está na cadeia?

— Ainda não: está na minha casa. Venho saber se Vossa Senhoria determina que eu o prepare para enviá-lo à prisão.

— Eu não determino nada. Faça de conta que o preso Simão não tem nenhum parestesco comigo.

— Mas, senhor doutor corregedor — disse o juiz com tristeza e pesar —, Vossa Senhoria é o pai.

— Sou antes um magistrado.

— Perdoe-me a intromissão, que faço por simpatia, sua severidade é demasiada. A lei já existe para castigá-lo; não o castigue também com o seu ódio. Uma desgraça como essas é menos odiada por estranhos quanto mais afetuosa for a frustração de um pai!

— Eu não o odeio, senhor doutor; apenas desconheço quem é esse homem de quem me fala. Cumpra os seus deveres, é o que lhe ordena o corregedor, e o amigo mais tarde lhe agradecerá a delicadeza.

Saiu o juiz de fora, e foi encontrar Simão na mesma serenidade em que o deixara.

— Venho de uma conversa com o seu pai — disse o juiz —, encontrei-o mais irado do que era natural calcular. Penso que por enquanto nada pode esperar da influência ou do patrocínio dele.

— E o que isso me importa? — respondeu sossegadamente Simão.

— Importa muito, senhor Botelho. Se o seu pai quisesse, haveria meios de mais tarde lhe atenuar a sentença.

— Que me importa a sentença? — respondeu o filho do corregedor.

— Pelo que vejo, não lhe importa ir para uma forca.

— Não, senhor.

— Que bobagem diz, senhor Simão?! — retrucou espantado o interrogador.

— Digo apenas que o meu coração é indiferente ao destino da minha cabeça.

— E sabia que o seu pai não lhe dará proteção, nem mesmo para as necessidades primárias na cadeia?

— Não sabia; mas o que significa isso? Que importa morrer de fome, ou morrer na forca?

— Porque não escreve à sua mãe? Peça-lhe que...

— Que hei de pedir à minha mãe? — atalhou Simão.

— Peça-lhe que atenue a cólera do seu pai, senão o senhor Botelho não terá quem o alimente.

— Vossa Senhoria pensa que sou desses miseráveis que só se preocupam em saber como vão encher a barriga. Penso que não incumbe ao senhor preocupar-se com os interesses do estômago de um condenado.

— Decerto que não — redarguiu, irritado, o juiz. — Faça como quiser.

E, chamando o oficial de justiça, entregou-lhe o réu, dispensando um guarda que o colocou para acompanhá-lo.

O carcereiro recebeu respeitosamente o preso e alojou-o num dos melhores quartos do cárcere; mas nu e desprovido do mínimo conforto.

Um outro preso emprestou-lhe uma cadeira. Simão sentou-se, cruzou os braços e meditou.

Pouco depois, um criado do pai levou-lhe o almoço, dizendo-lhe que a sua mãe o mandava às escondidas, e entregando-lhe uma carta dela, cujo conteúdo importa saber. Simão, antes de tocar no almoço, cujo recipiente estava no chão, leu o seguinte:

> *Desgraçado, estás perdido!*
>
> *Eu não posso te ajudar muito, porque o teu pai está inexorável. Às escondidas dele é que te mando o almoço, e não sei se poderei mandar-te o jantar!*
>
> *Que destino o teu! Oxalá que tivesses morrido ao nascer.*
>
> *Disseram que tinhas nascido morto; mas o teu destino fatal não quis largar a vítima.**
>
> *Para que saíste de Coimbra? A que vieste, infeliz? Agora sei que tens vivido fora de Coimbra há quinze dias, e nunca tiveste uma palavra a dizer à tua mãe!*

Simão suspendeu a leitura, e disse para si mesmo:

— Não estou entendendo isto. Pois não foi a minha mãe quem mandou chamar o João da Cruz? E não foi ela quem me mandou o dinheiro?

— Olhe que o almoço esfria, menino! — disse o criado.

Simão continuou a ler, sem ouvir o criado:

> *Deves estar sem dinheiro, e eu desgraçadamente não posso te enviar hoje nem sequer um centavo. O teu irmão Manuel, desde que fugiu para Espanha, absorve-me todas as economias. Veremos o que posso fazer; mas receio que o teu pai saia de Viseu, e nos leve para Vila Real, para abandonar o teu julgamento à severidade das leis.*

---

* Nota do autor: Esclarece este dizer de D. Rita a certidão de nascimento de Simão, a qual tenho comigo, e foi lavrada por Herculano Henrique Garcia Camilo Galhardo, reitor da Real Igreja da Senhora da Ajuda, do livro 14, à folha 159. Diz assim: "Aos dois dias do mês de maio de 1784, pôs os santos óleos o reverendo padre, João Domingues Chaves a Simão, o qual foi 'batizado em casa por estar com a vida em risco', pelo reverendo frei Antônio de S. Pelágio etc.".

Meu pobre Simão! Onde estiveste tu escondido durante esses quinze dias? Hoje mesmo chegou ao teu pai a carta de um professor, comunicando-lhe a tua falta nas aulas, e a viagem para o Porto, segundo dizia o tropeiro que te acompanhou.

Não posso ir ver-te. O teu pai até bateu na Ritinha, por ela querer visitá-lo na cadeia.

Você agora conta com as limitações da tua pobre mãe ao pé de um homem enfurecido, como está o teu pai.

Ao ler essa parte, Simão Botelho refletiu por alguns minutos, e convenceu-se rapidamente de que aquele dinheiro recebido era de João da Cruz. Quando saiu com o espírito dessa meditação, tinha os olhos marejados com lágrimas.

— Não chore, menino — disse o criado —, deixe essas coisas para os homens, e Deus há de prover tudo da melhor maneira. Almoce, senhor Simão.

— Não quero. Leva o almoço — disse ele.

— Não quer almoçar?

— Não. E nem voltes mais aqui. Eu não tenho família. Não quero absolutamente nada da casa dos meus pais. Diga à minha mãe que eu estou tranquilo, bem instalado, feliz e orgulhoso da minha sorte. Vai-te embora já.

O criado saiu, e disse ao carcereiro que o seu infeliz amo estava doido. D. Rita achou provável a suspeita do servo, e viu a evidência da loucura nas palavras do filho.

Quando o carcereiro voltou à cela de Simão, entrou acompanhado de uma rapariga camponesa: era Mariana. A filha de João da Cruz, que até aquele momento não apertara ainda sequer a mão de Simão, correu para ele com os braços abertos e o rosto banhado de lágrimas. O carcereiro retirou-se, dizendo consigo:

— Esta é bem mais bonita que a fidalga!

— Não quero ver lágrimas, Mariana — disse Simão. — Se há alguém que deve chorar sou eu; mas lágrimas dignas de mim, lágrimas de gratidão aos favores que tenho recebido de ti e do seu pai. Acabo de saber que a minha mãe nunca me mandou dinheiro. Era do seu pai aquele dinheiro que recebi.

Mariana escondeu o rosto no avental com que enxugava as lágrimas.

— O seu pai correu algum perigo? — perguntou Simão em tom de voz só perceptível a ela.

— Não, senhor.

— Está em casa?

— Está, e parece furioso. Queria vir aqui, mas eu não o deixei.

— Alguém o perseguiu?

— Não, senhor.

— Diga-lhe que não se assuste. Vá depressa acalmá-lo.

— Eu não posso ir sem fazer o que ele me disse. Vou sair, mas volto daqui a pouco.

— Mande-me comprar uma mesa, uma cadeira, um tinteiro e papel — pediu Simão, dando-lhe o dinheiro.

— Logo tudo estará aqui; já o podia ter mandado, mas o pai disse-me que não comprasse nada sem saber se a sua família lhe mandava o necessário.

— Eu não tenho família, Mariana. Tome o dinheiro.

— Não recebo dinheiro sem licença do meu pai. Para essas compras eu trouxe mais que o suficiente. E como está a sua ferida?

— Até já me esqueci dela! — disse Simão, sorrindo. — Deve estar boa, pois não me dói. Soube alguma coisa de Teresa?

— Soube que foi para o Porto. Estavam todos a comentar que o pai a enfiou desmaiada na liteira, e que há muitas pessoas reunidas à porta do fidalgo.

— Está bem, Mariana. Nem mesmo um desgraçado fica sem amparo. Vá, pense no seu hóspede, seja o seu anjo de misericórdia.

De novo, as lágrimas saltaram dos olhos da rapariga; e, entre soluços, ela lhe dirigiu as seguintes palavras:

— Tenha paciência. Você não irá padecer por desamparo. Faça de conta que hoje lhe visitou uma de suas irmãs.

E, dizendo isso, tirou da sacola um embrulho de biscoitos e uma garrafa de licor de canela, que pôs sobre a cadeira.

— Não é um bom almoço, mas não achei outra coisa no mercado — disse ela, e saiu apressada, como para poupar ao infeliz palavras de gratidão.

Capítulo XII

O corregedor, nesse mesmo dia, ordenou que sua mulher e filhas se preparassem para deixar Viseu com tudo o que pudesse ser transportado nas carruagens.

Descrevo a seguir a singela e dolorida lembrança de uma senhora daquela família, registrada numa carta recebida há meses:

Já se passaram cinquenta e sete anos, e ainda me lembro, como se fosse ontem, os tristes acontecimentos da minha juventude. Não sei explicar como é que tenho hoje mais clara a memória das coisas da infância. Parece-me que, há trinta anos, não lembrava com tantos pormenores.

Quando a mãe disse a mim e às minhas irmãs que preparássemos os nossos baús, todas rompemos num choro, o que irritou ainda mais o nosso pai. As manas, como eram mais velhas ou mais afeitas ao castigo, calaram-se logo; eu, porém, que só uma vez, e unicamente por causa de Simão, tinha sido castigada, continuei a chorar, e tive a inocente ideia de pedir ao pai que me deixasse ver o mano na cadeia antes de sairmos de Viseu.

Então fui castigada pela segunda vez, e agora mais asperamente.

O criado, que levou o jantar à cadeia, voltou com o alimento e nos contou que Simão já tinha alguns móveis no seu quarto, e estava a jantar tranquilamente. Àquela hora todos os sinos de Viseu tocavam de modo coordenado pela alma de Baltasar.

Na cela, ao pé dele, disse o criado, havia uma formosa rapariga da aldeia, triste e coberta de lágrimas. Simão apontou para ela e dirigiu-se ao criado dizendo: "Esta é a minha família".

No dia seguinte, ao romper da manhã, partimos para Vila Real. A mãe não parava de chorar; o pai, encolerizado com isso, decidiu mudar de lugar, obrigou-me a trocar de liteira com ele e fez toda a jornada na minha carruagem.

Assim que chegamos a Vila Real, o clima em casa se tornou tão turbulento por causa do Simão, que o meu pai abandonou a família, e foi morar na quinta de Montezelos. A mãe também quis nos abandonar e buscar ajuda dos primos de Lisboa, para solicitar a libertação de meu irmão. Mas o pai teve uma espantosa mudança de humor quando soube de tal ideia, e ameaçou a minha mãe de obrigá-la judicialmente a não sair da casa de seu marido e suas filhas.

Minha mãe escrevia a Simão, mas não recebia resposta. Pensava ela que o filho se recusava a responder: anos mais tarde, encontramos entre os papéis do meu pai todas as cartas que ela escrevera e que nunca foram enviadas. Percebemos que o pai as tirava do correio.

Uma senhora de Viseu escreveu à minha mãe louvando-a pelo muito amor e caridade com que ela acudia às necessidades do filho infeliz. Esta carta foi-lhe entregue por um cocheiro, senão teria o destino das outras. Minha mãe espantou-se do alto conceito que sua amiga tinha dela, e confessou que não o tinha socorrido, porque o filho rejeitara o pouco que ela quisera fazer. Para sua surpresa, a senhora de Viseu contou que uma rapariga, filha de um ferrador, passou a viver nas vizinhanças da cadeia para cuidar de todas as necessidades do preso com abundância, e dizia a todos que estava ali por ordem e à custa da senhora D. Rita Preciosa. E a amiga da minha mãe acrescentava que algumas vezes mandou chamar a bela rapariga para oferecer algumas refeições mais finas para o Simão, no entanto ela sempre rejeitava, dizendo que o senhor Simão não queria nada além do que estava recebendo.

De tempos a tempos recebíamos essas notícias, sempre tristes, porque diante do abandono da causa pelo meu pai, como era de esperar, quase todas as pessoas distintas de Viseu conspiraram contra o meu irmão, que vivia em desgraça.

Nossa mãe escrevia aos seus parentes da capital implorando ajuda para conseguir perdão real para o filho; mas aquelas cartas nem chegavam a sair do correio, e iam todas parar nas mãos do meu pai.

E o que ele fazia na quinta, sem família, isolado da sociedade, sem glória, nem recompensa alguma diante de tantos dissabores? Rodeado de jornais, gastava seu tempo na manutenção daquela grande moradia onde, ainda hoje, mesmo com o abandono, tornou a infestar de matos e arbustos, pode-se perceber algumas árvores plantadas por ele naquela época. Minha mãe escrevia-lhe lastimando o que acontecia com o filho; meu pai apenas respondia que a Justiça não era uma brincadeira, e que na Antiguidade os próprios pais condenavam os filhos criminosos.

Minha mãe teve a ousadia de ir até meu pai para pedir sua autorização para ir a Viseu. O meu inexorável pai negou o pedido e a expulsou furiosamente de lá.

Passados sete meses, soubemos que Simão tinha sido condenado a morrer na forca, e que esta seria instalada no local onde ele cometera o crime. Nossas janelas ficaram fechadas por oito dias; vestimos luto, e a minha mãe caiu doente.

Quando se soube disso em Vila Real, todas as pessoas ilustres da terra foram à casa de Montezelos, a fim de persuadir meu pai a empregar forças na salvação do filho condenado. De Lisboa vieram alguns parentes protestar contra a desonra que tamanha humilhação recairia sobre toda a família. O meu pai *respondia a todos dizendo apenas que: "A forca não fora inventada somente para os que não sabem o nome dos seus avôs. O que degrada as famílias são as más ações. A Justiça não desonra senão aquele que castiga".*

Tínhamos nós um tio-avô, muito velho e respeitado, chamado Antônio da Veiga. Foi ele quem fez o milagre, e aconteceu assim: apresentou-se ao meu pai e disse-lhe: "Guardou-me Deus a vida até os oitenta e três anos. Poderei viver mais dois ou três? Isso já nem é vida: mas foi honrada e sem mancha até agora, e já agora há de assim acabar; os meus olhos não hão de ver a desonra pública da sua família. Domingos Botelho, ou tu me prometes agora salvar o teu filho da forca, ou eu me mato na tua presença". E, dizendo isso, apontou ao pescoço uma navalha de barba. O meu pai pegou sua mão e disse-lhe na mesma hora que Simão não seria enforcado.

No dia seguinte, o meu pai foi para o Porto, onde tinha muitos amigos no Tribunal, e de lá para Lisboa.

Em princípio de março de 1805, a minha mãe soube com grande alegria que Simão fora removido para as cadeias do Tribunal do Porto, vencendo os grandes obstáculos dos queixosos que se opuseram a essa mudança, Tadeu de Albuquerque e as irmãs do morto.

Depois...

Suspendo aqui, por ora, o extrato da carta, para não antecipar a narrativa de acontecimentos.

Simão Botelho, sem demonstrar nenhuma emoção, finalmente vira chegar o dia do julgamento. Sentou-se no banco dos réus sem advogado, nem testemunhas de defesa. Respondeu com objetividade ao interrogatório do juiz. Obrigado a explicar a causa do crime, contou com toda a fidelidade, sem mencionar o nome de Teresa Clementina de Albuquerque. Quando o advogado da acusação proferiu aquele nome, Simão Botelho ergueu-se de golpe e exclamou:

— Por que vem citar aqui o nome de uma senhora neste antro de desonra e morte? Que miserável é o acusador que não percebe, que com a confissão do réu, se torna desnecessário o carrasco apelar para algo que pode enlamear a reputação de uma mulher? A minha confissão está feita: eu a fiz; agora a lei que fale, e cale-se o vilão que não sabe acusar o réu sem desonrar outros.

O juiz impôs-lhe silêncio. Simão sentou-se, murmurando:

— Miseráveis. Todos!

Simão ouviu a sentença de morte na forca, a ser realizada no local do delito. Com o anúncio sobrevieram gritos e insultos violentos do meio da multidão. Simão voltou-se para a turba, e disse:

— Irão ter um belo espetáculo, senhores! A forca é a única festa do povo! Levai daí essa pobre mulher que chora: essa é a única criatura para quem o meu suplício não será um passatempo.

Mariana foi transportada nos braços até o casebre em que se instalara, na vizinhança da cadeia. Os robustos braços que a levaram eram os do pai. Simão Botelho, no percurso do tribunal ao cárcere, mesmo feito com toda a agilidade e força dos dezoito anos, ouviu inúmeras vozes a realizar comentários:

— Quando é que ele finalmente vai morrer?

— É bem feito! Agora vai pagar pelos inocentes que o pai mandou enforcar.

— Ele queria tomar uma esposa à força de balas!

— Estes fidalgos pensam que não há nada mais na vida senão matar!

— Se matasse ele um pobre, agora estaria em casa!

— Isso é verdade!

— E olhem como vai ele, mantém olhar arrogante!

— Deixa ele, não tardará quem lhe quebre as pernas!

— Dizem que o carrasco já está a caminho.

— Já chegou de noite, e trazia dois cutelos bem afiados.

— Tu o viste?

— Não. Quem contou foi a minha comadre que soube pela vizinha do cunhado de sua irmã que o carrasco está escondido num calabouço.

— E você levará os pequenos para ver o criminoso morrer?

— Claro! Estes exemplos não devem se perder.

— Eu já assisti a três enforcamentos, e, que me lembre, todos eram culpados por assassinato.

— Você fala como se não tivesse acabado com a vida do Amaro Lampreia, dois anos atrás, lá na casa do diabo!

— Sim, mas, se eu não o matasse, seria morto por ele.

— Então para que serve o exemplo?

— E eu sei para que serve? O frei Anselmo dos franciscanos é que prega aos pais que levem os filhos para verem os enforcados.

— Isso ele deve dizer para não o explorarem, tanto quanto ele nos explora com os pedidos para a caridade.

O espírito de Simão estava tão desassombrado que, desafiado pela filosofia do povo acerca da forca, algumas vezes um leve riso lhe surgia nos lábios.

Recolhido ao seu quarto, foi intimado a apelar da sentença, dentro do prazo legal. Respondeu que não apelaria, que estava de acordo com a sua sorte e o acordo com a Justiça.

Então perguntou por Mariana, e o carcereiro disse que a mandaria chamar. Primeiro chegou João da Cruz, e chorando dizia temer perder a filha, porque a via delirando a falar em forca, e pedindo que a matassem primeiro. Terrível foi a dor do acadêmico, finalmente a compreender, como se instantaneamente lhe materializasse a verdade, que Mariana o amava até o ponto de morrer. Por momentos, seu coração esqueceu um pouco de Teresa. Esta via agora como um anjo redimido em serena contemplação do seu Criador; e Mariana, como o símbolo da tortura, a morrer aos poucos, sem ter recebido nenhuma parcela de amor que lhe desse alguma glória diante do martírio. Uma, morrendo amada; outra, agonizando, sem ter ouvido a palavra "amor" dos lábios, que apenas lhe saíam escassas e frias palavras de gratidão.

Finalmente chorou então aquele homem de ferro. Chorou lágrimas que valiam bem as amarguras de Mariana.

Recobrando-se, disse Simão com fervente súplica ao ferrador:

— Vá cuidar depressa da sua filha, senhor Cruz! Deixe-me, que estou bem e forte. Vá consolar essa criatura, que nasceu debaixo do meu trágico destino. Tire-a já de Viseu: leve-a para a sua casa. Salve-a deste mundo, porque ainda terei duas irmãs que sofrerão pelo meu destino. Agora, peço que se dispense de me fazer mais favores, no que resta da minha vida. Daqui a dias vão me recolher ao oratório para a minha última noite: e será melhor que a sua filha não o saiba.

De volta ao casebre, João da Cruz achou a filha prostrada no chão, ferida no rosto, chorando e rindo, fora de si. Levou-a à força para a sua casa, e incumbiu outra pessoa dos cuidados do condenado.

Terríveis foram as horas solitárias do infeliz a partir desse momento. Até aquele dia, Mariana, querida do carcereiro e protegida pela amiga de D. Rita Preciosa, tinha entrada fácil no cárcere a qualquer hora do dia, e raras eram as horas em que o preso ficava sozinho. Enquanto ele escrevia, ela costurava, ou cuidava da limpeza da cela. Se Simão estava no leito doente ou prostrado, Mariana, que tivera alguns princípios de ensino de escrita, sentava-se à mesa e escrevia no papel centenas de vezes o nome de Simão, que muitas vezes suas lágrimas acabavam por apagar ou borrar. E tudo isso aconteceu durante longos sete meses, sem nunca ter ouvido dele nenhuma palavra que indicasse um afeto maior. E mantinha ainda vigílias noturnas de oração, que atravessavam a madrugada, ora em preces, no trabalho, ou no caminho de casa, quando ia visitar o pai altas horas da noite.

O preso, na perspectiva da forca, nunca mais viu adentrar aquela doce criatura à soleira da velha porta, presença que representava o único prazer capaz de equilibrar o ânimo ante a perspectiva do enforcamento. Nunca mais!

E, quando tentava se fixar na imagem de Teresa, um capricho dos olhos quebrados trazia-lha ao mesmo tempo a visão de Mariana, como se uma estivesse ao lado da outra. E via as duas lacrimosas. Saltava então do leito, fincava os dedos nos espessos ferros da janela, e pensava em partir o crânio contra as grades.

Não enxergava esperança para ele na terra, nem no Céu. Nenhum raio de luz divina penetrou na sua cela. O anjo da piedade encarnara naquela criatura celestial, que enlouquecera, ou voltara para o Céu com o espírito dela. O que o salvava do suicídio não era uma esperança em Deus, nem nos homens; mas este pensamento: "Afinal, covarde! Que bravura há em matar-se quando não há esperança de vida? A forca é um triunfo, quando se encontra no fim do caminho da honra!".

Capítulo XIII

— E Teresa?

Perguntariam os meus leitores, e não me queixarei se me acusarem de a ter esquecido, sacrificando-a a incidentes menos importantes.

Esquecido, não. Nesta minha quase escuridão, há muita coisa que me ilumina e flutua naquela ave do céu, alada como ideal querubim dos santos, como a pedir-me que lhe cubra de flores o rastro de sangue que deixou na terra. Mais lágrimas que sangue deixaste, ó filha da amargura! Tuas lágrimas são flores, e do Céu me diz que os perfumes delas valem mais aos pés do teu Deus que as preces de muita devota, que morre santificada pelo mundo, e cujo cheiro de santidade não passa do olfato hipócrita ou estúpido dos mortais.

Teresa Clementina, bem a viram, tivera de ser transportada da escadaria do templo, onde desmaiou e logo fora colocada na liteira que a conduziu ao Porto. Recobrando a consciência, viu defronte de si uma criada, que lhe dizia banais e frias expressões de alívio. Se alguma criada do seu pai lhe era amiga, decerto não era aquela, escolhida pelo velho. Nem ao menos restava à afligida menina alguém de confiança para aquele fim! Então, eis que um raio de piedade atingira de súbito o peito da criada, até aquela hora desafeta à sua ama.

Perguntava-se a si mesma Teresa se aquela horrorosa situação seria um sonho! Sentia de novo voltar com toda a força a consciência da sua desgraça. A criada então teve pena, e incitou-a a respirar, chorando com ela, e dizendo-lhe:

— Pode falar, menina, que ninguém nos segue.

— Ninguém?

— As suas primas ficaram em Viseu: vêm conosco apenas os dois criados.

— E o meu pai não veio?
— Não, menina. Pode chorar e falar à vontade.
— Vou para o Porto?
— Vamos, sim, minha senhora.
— E tu viste tudo como tudo se passou, Constança?
— Desgraçadamente vi.
— Como foi? Conta-me tudo.
— A menina bem sabe que o seu primo morreu.
— Morreu? Vi-o cair quase aos meus pés; mas...
— Morreu imediatamente, e em seguida os criados, à voz do seu pai, quiseram prender o senhor Simão; mas ele com outra pistola...
— E fugiu? — atalhou Teresa, com veemente alegria.
— Não. Ele entregou-se à prisão.
— Está preso?

E, sufocada pelos soluços, com o rosto no lenço, não ouvia mais as palavras confortadoras de Constança.

Um tempo depois de ter acalmado o violento acesso de gemidos e choro, Teresa sugeriu à criada o louco plano de deixá-la fugir na primeira hospedaria onde parassem, para que ela tivesse tempo de ir a Viseu dar o último adeus a Simão.

Com enorme dificuldade, a criada conseguiu demovê-la do intento, mostrando-lhe os novos perigos que iria acumular à desgraça do seu amante, e animando-a com a esperança de Simão livrar-se do crime, pela influência do pai, apesar da perseguição do fidalgo.

Esses argumentos atenuaram lentamente o espírito de Teresa. Chorosa, aflita e desanimada, ela foi vencendo a distância que a separava de Monchique, aonde chegou ao quinto dia de jornada.

A superiora do convento tomou ciência dos acontecimentos por emissários que se adiantaram ao moroso caminhar da liteira.

Teresa foi recebida com serenidade pela tia, ainda que as recomendações de Tadeu de Albuquerque fossem de uma clausura rigorosa e absoluta privação de meios para escrever a quem quer que fosse.

A superiora do convento ouviu a fiel história dos acontecimentos da boca da sua sobrinha, e viu, uma a uma, as cartas de Simão Botelho. Depois, choraram abraçadas; mas enxugadas as lágrimas de mulher vivida na austeridade religiosa, a superiora do convento falou e a aconselhou como freira, e freira que sacrificava o corpo com açoites e o coração com as privações tormentosas de quarenta anos.

Teresa já não tinha mais forças para uma rebelião. Deixou em sua tia a santa vaidade de haver exorcizado o demônio das paixões, e deu um sorriso ao anjo da morte, que, para lhe oferecer seu amor e esperança, a cobria com uma asa negra, de luz tão brilhante que alcança, às vezes, até corações infelizes.

Teresa pediu para escrever.
— A quem, minha filha? — perguntou a superiora do convento.
Teresa não respondeu.
— Escrever a ele para quê? — disse a religiosa. — Pensas tu, menina, que as tuas cartas lhe chegarão às mãos? Que vais tu fazer senão redobrar a ira do teu pai contra ti e contra o infeliz preso? Se o amas, como creio, apesar de tudo, pensa em salvá-lo. Se não ouves a minha razão, finge-te de

esquecida. Se podes violentar a tua dor, oculte suas intenções, é preciso que chegue ao teu pai a notícia de que, se ele tiver piedade do teu pobre amigo, você lhe será obediente a partir de agora.

Teresa não refletiu muito sobre essas palavras. Deu outro sorriso ao anjo da morte e pediu-lhe que a envolvesse juntamente com o seu amor e sua esperança na negrura das suas asas.

Todo mês, a abadessa de Monchique recebia uma carta do seu primo. E essas cartas traziam apenas desejos de vingança. Em todas, o velho dizia que o assassino iria, irremediavelmente, à forca. A sobrinha não via as cartas, mas reparava nas lágrimas da freira compassiva.

A débil compleição física de Teresa piorava aceleradamente. A medicina condenou-a à morte breve. Disso foi informado Tadeu de Albuquerque, que respondeu: "Não a desejava morta; mas, se Deus a levar, morrerei mais tranquilo, e com a honra sem manchas". Era assim imaculada a honra do fidalgo de Viseu! A honra, que dizem proceder em linha reta da virtude de Sócrates, da virtude de Jesus Cristo, e da virtude de milhões de mártires, que se entregaram às garras das feras, enquanto aguardavam a caridade e o perdão dos homens!

Quantos alentos inventaram todas as religiosas exemplares de Monchique, por simpatia e piedade, para atenuar a dor que consumia rapidamente a reclusa. Tudo inútil. Teresa reconhecia com lágrimas a compaixão, e, ao mesmo tempo, alegrava-se tirando das gentilezas a certeza de que os médicos a julgavam incurável.

Certa vez, uma freira, inadvertidamente, lhe disse que uma amiga do convento dos Remédios de Lamego contara que Simão havia sido condenado à morte.

Teresa estremeceu e murmurou, sem forças já para a exclamação:

— E eu ainda vivo!

Depois orou e chorou, mas o dia a dia da sua vida em agonia moribunda continuou inalterável.

Perguntou à senhora, que lhe dera a notícia, se a sua amiga do convento dos Remédios lhe faria o favor de fazer chegar às mãos de Simão uma carta. Prontificou-se a freira a tentar, depois de ouvir o parecer da superiora do convento. Entendeu a religiosa que o derradeiro contato entre dois moribundos não podia danificá-los na vida temporária, nem na vida eterna.

Esta é a carta que Simão leu, quinze dias depois do seu julgamento:

Simão, meu esposo. Eu sei de tudo. A morte está conosco. Escrevo-te sem lágrimas. A minha agonia começou há sete meses. Deus é bom, e me poupou ao crime. Ouvi a notícia da tua morte próxima, e então compreendi por que estou a morrer pouco a pouco. Aqui está o nosso fim, Simão! E também as nossas esperanças! Lembro quando tu me dizias dos teus sonhos de felicidade, e eu te dizia os meus! Que mal fariam a Deus os nossos inocentes desejos? Por que não merecemos o que tanta gente tem? Assim acabará tudo, Simão? Não posso crer nisso. A eternidade se apresenta tenebrosa a mim, porque a esperança era a luz que me guiava de ti para a fé. Mas o nosso destino não pode acabar assim. Veja se consegue segurar o último fio da tua vida para uma esperança qualquer. Havemos de nos ver num outro mundo, Simão? Terei eu merecido a Deus contemplar-te? Eu rezo, suplico, mas desanimo de minha fé quando me lembram das últimas agonias do teu martírio. As minhas são suaves, quase que não as sinto. A morte não deve pesar para quem estiver com o coração tranquilo. O pior é a saudade, saudade daquelas esperanças que tu encontravas no meu coração, adivinhando as tuas. Não importa, se nada há além desta vida. Ao menos, morrer é esquecer. Se tu pudesses viver agora, de que te serviria? Eu também estou condenada, e sem remédio. Segue-me, Simão! Não tenhas saudades da vida, não tenhas, ainda que a razão te diga que podias ser feliz, se não me tivesses encontrado no caminho por onde te levei à morte. E que morte, meu Deus! Aceita-a! Não te arrependas. Se houve crime, a justiça de Deus te perdoará pelas angústias que tens de sofrer no cárcere e nos últimos dias, e na presença da...

Teresa ia escrever uma palavra quando a pena lhe caiu da mão e uma convulsão vibrou o seu corpo por muito tempo. Não escreveu a palavra! A ideia de forca parou-lhe a vida. A freira entrou na cela para pedir-lhe a carta, porque o correio ia partir. Teresa, indicando-a, disse:

— Leia, se quiser, e feche-a, por caridade, que eu não posso.

Nos três dias seguintes, Teresa não saiu do leito. A cada hora que se passava as religiosas sentiam que Teresa poderia fechar os olhos a qualquer momento.

— É muito difícil morrer! — dizia algumas vezes a enferma.

Não faltavam tentativas piedosas para tentar distrair seu espírito do mundo. Teresa ouvia a tudo, mas dizia com ânsia:

— Mas a esperança do Céu, sem ele! O que é o Céu, meu Deus?

E o capelão do mosteiro não sabia dizer se os bens do Céu eram parecidos com as delícias que na Terra se chamam assim. Aquelas sutilezas filosóficas espirituais surgiam diante de algumas espécies de tuberculose, era um tipo de conciência em meio aos últimos lampejos da vida, quando as religiosas lhe falavam nas bem-aventuranças. Convidado pela lucidez de Teresa, o capelão, às vezes, entrava nos domínios da filosofia, tratando da imortalidade da alma, mas a inculta senhora argumentava, em breves termos, e com razões tão claras a favor da união eterna das almas, unidas já neste mundo, que o padre ficava em dúvidas se seria heresia contestar uma cláusula não inscrita em algum dos quatro Evangelhos.

Admirava-se já a perseverança daquela vida. A abadessa tinha escrito ao primo Tadeu para apressá-lo a vir despedir-se daquele anjo na Terra. O velho, tocado de piedade, e porventura de amor paternal, pensou em tirar a filha do convento, na esperança de ainda poder salvá-la. E uma outra forte razão se somava àquela: a mudança do condenado para os cárceres do Porto, próximo ao convento. Então Tadeu se apressou, mas sem conseguir evitar que a religiosa, amiga da outra de Lamego, entregasse à doente esta carta de Simão:

Não me fujas ainda, Teresa. Já não vejo a forca, nem a morte. O meu pai está a me proteger, e há uma chance de salvação. Prende ao coração os últimos fios da tua vida. Prolonga a tua agonia, enquanto eu disser que te espero. Amanhã vou para as cadeias do Porto, e hei de ali esperar a absolvição ou troca da sentença. A vida é tudo. Posso amar-te no exílio. Em toda a parte há céu, e flores, e Deus. Se viveres, um dia serás livre; apenas a pedra do túmulo nunca se levanta. Viva, Teresa, viva! Fazia dias, lembrava-me de que as tuas lágrimas lavariam da minha face as manchas do sangue do enforcado. Esse pesadelo atroz desapareceu. Agora, respire aqui neste inferno; a corda do carrasco já não me aperta a garganta em meus sonhos. Já contemplo os teus olhos no céu, e reconheço a sorte dos infelizes. Ontem, vi as nossas estrelas, aquelas dos nossos segredos nas noites de ausência. Agora voltei à vida, e tenho o coração cheio de esperanças. Não morras, amor da minha alma!

Ia alta a noite quando Teresa, sentada no seu leito, leu essa carta. Então, chamou a criada para ajudá-la a se vestir. Mandou abrir a janela do seu quarto e encostou as faces às barras de ferro. A janela dava para o mar, e o mar parecia nessa noite uma imensa chama de prata; e a lua estava tão esplendorosa que eclipsava o brilho de algumas estrelas, que Teresa teve dificuldade de encontrar no céu.

— São aquelas! — exclamou ela.

— Aquelas o quê, minha senhora? — disse Constança.

— As minhas estrelas! Pálidas como eu. A vida! A vida! — exclamou ela, erguendo-se, e passando pela fronte as mãos cadavéricas. — Quero viver! Deixai-me viver, ó Senhor!

— Há de viver, menina! Há de viver, que Deus é piedoso! — disse a criada. — Mas não tome o ar da noite. Este nevoeiro do rio pode lhe fazer grande mal.

— Deixa-me, deixa-me, que tudo isso é viver. Não vejo o céu há tanto tempo! Sinto-me ressuscitar aqui, Constança! Por que não tenho respirado todas as noites este ar? Poderei viver mais alguns anos? Poderei, minha Constança? Peça tu, peça muito à Virgem Santíssima! Vamos orar juntas! Vamos, pois o Simão não morrerá. O meu Simão vive e quer que eu viva. Estará no Porto amanhã; e talvez já tenha chegado.

— Quem, minha senhora?

— Simão; o Simão vem para o Porto.

A criada julgava que a sua ama delirava; mas não a contrariou.

— Recebeu carta dele? — disse ela, pensando que assim lhe alimentava aquele instante de febril contentamento.

— Sim. Queres ouvir? Eu leio.

E leu a carta, para grande assombro de Constança, que, então, se convenceu.

— Agora vamos rezar, sim? Tu não és inimiga dele, não é? Olha, Constança, se eu casar com ele, tu vai morar conosco. Verás como ele é bom. Queres ir, não queres?

— Sim, minha senhora, eu irei; mas ele conseguirá se livrar da morte?

— Sim; tu verás; o pai dele há de livrá-lo. E a Virgem Santíssima é que há de nos unir. Mas eu não posso morrer agora. Se eu morro, meu Deus...

E com as mãos convulsivamente enlaçadas sobre o seio Teresa arquejou a chorar.

— Eu já não tenho forças! Todos dizem que estou para morrer, e o médico já nem me receita nada! Se isso é verdade, melhor seria que tivesse morrido antes desta carta! Morrer com esperanças, ó Mãe de Deus!

E ajoelhou perante o altar de devoção que trouxera do seu quarto de Viseu, onde a sua mãe e avó já tinham orado, diante daquela imagem cujo rosto compassivo os olhos das duas senhoras moribundas tinham apagado os seus últimos raios de luz.

Capítulo XV

No dia seguinte, anunciaram a chegada de Tadeu de Albuquerque à portaria do convento de Monchique.

Sua prima, a primeira senhora que saiu para recebê-lo, vinha enxugando as lágrimas de alegria.

— Não pense que eu choro de aflita, meu primo — disse ela. — O nosso anjo, se Deus quiser, pode salvar-se. Vi-a caminhar de madrugada pelos dormitórios. Que diferença de rosto ela tem hoje! Isso, meu primo, é milagre das duas santas que temos na clausura, e com as quais algumas criaturas perfeitas desta casa se apegaram. Se as melhoras continuarem assim, Teresa viverá; o Céu consente que esteja entre nós aquele anjo por mais alguns anos.

— O que me diz me alegra e me tranquiliza bastante, minha boa prima — disse o fidalgo. — Mas a minha decisão é levá-la já para Viseu, e lá ela vai se restabelecer com os ares pátrios, que são muito mais sadios que os do Porto.

— Ainda é cedo para tão longa e pesada jornada, meu primo. Não vá o senhor pensar que ela possa fazer a viagem. Lembre-se de que ainda ontem pensávamos que hoje a encontraríamos morta. Deixe-a restabelecer a saúde por mais alguns meses; e depois não me oporei que a leve; mas, por enquanto, não concordo com essa imprudência.

— Maior imprudência — respondeu o velho — é conservá-la próxima a Porto, onde, a estas horas, deve estar o assassino do meu sobrinho. Talvez não saiba, minha prima, mas é verdade; o patife do corregedor saiu a campo em defesa dele, e conseguiu que o tribunal lhe aceitasse a apelação da sentença, mesmo passado o prazo para tal; e, não contente com isso, fez com que o filho fosse removido para as cadeias do Porto. Eu trabalho agora para que a sentença de forca seja confirmada, e espero consegui-la; mas, enquanto o assassino aqui estiver, não quero que a minha filha permaneça no Porto.

— O primo é o pai, e eu sou apenas uma parente — disse a abadessa —, cumpra-se a sua vontade. Quer ver a menina?

— Sim, se possível.

— Pois bem, enquanto vou chamá-la, queira entrar na primeira grade à sua direita, que Teresa irá encontrá-lo na sala ao lado desta.

Avisada Teresa de que o pai a esperava, instantaneamente a cor sadia que exibia e alegrava as senhoras religiosas logo fez retornar sua palidez de outrora. Vendo-a assim, quis a tia que ela não saísse do quarto, e encarregou-se de encurtar a visita do pai, mas Teresa lhe falou

— Eu irei vê-lo, minha tia.

O pai, ao avistar Teresa, estremeceu. Esperava ver a filha doente, mas não daquele jeito. Pensou que nem a reconheceria se não o avisassem se tratar da sua filha.

— Como eu te encontro, Teresa! — exclamou ele, comovido. — Por que não me disseste há mais tempo sobre o teu estado?

Teresa sorriu e disse:

— Eu não estou tão mal como as minhas amigas imaginam.

— Terás tu forças para ires comigo para Viseu?

— Não, meu pai; não tenho nem forças para lhe dizer em poucas palavras que não volto a Viseu.

— Por que não, se a tua saúde depender disso?

— A minha saúde depende do contrário. Aqui viverei e morrerei.

— Não é para tanto, Teresa — respondeu Tadeu tentando esconder a irritação. — Se eu entender que estes ares são nocivos à tua saúde, hás de ir, porque é obrigação minha conduzir e corrigir a tua má sorte.

— Está corrigida, meu pai. A morte emenda todos os erros da vida.

— Bem sei; mas eu te quero viva, então, recupere suas forças para o caminho. Logo que percorreres meio dia de jornada, verás como a sua saúde retornará como por milagre.

— Não vou, meu pai.

— Não vais? — exclamou o velho irritado, lançando às grades as mãos trementes de ira.

— Estes ferros a que se encosta nos separam agora e para sempre.

— E as leis? Pensas tu que eu não tenho direitos legítimos para te obrigar a sair do convento? Não sabes que tens apenas dezoito anos?

— Sei que tenho dezoito anos; não conheço as leis e nem me incomoda a minha ignorância. Se uma mão violenta vier me arrancar daqui, convença-se, meu pai, de que essa mão há de encontrar um cadáver. Então farão o que quiserem do que restou de mim. Porém, enquanto puder dizer que não vou, juro-lhe que não vou, meu pai.

— Eu sei o porquê! — bramiu o velho. — Já sabes que o assassino está no Porto!

— Sei, sim, senhor.

— E ainda o dizes sem vergonha nem horror de ti mesma! Ainda.

— Meu pai — interrompeu Teresa —, não posso continuar a ouvi-lo, porque me sinto mal. Dê-me licença e vingue-se como puder. A minha glória neste longo martírio seria uma forca levantada ao lado da do assassino.

Teresa saiu da sala, deu alguns passos na direção de seu aposento e encostou-se enfraquecida à parede. Correram a ampará-la a tia e a criada, mas ela, afastando-as suavemente de si, murmurou:

— Não é preciso. Estou bem. Estes golpes me dão vida, minha tia.

E caminhou sozinha a passos vacilantes.

Tadeu esmurrou a porta do mosteiro com inúteis e enfurecidas pancadas, umas após outras, provocando o medo da porteira e de outras madres, espantadas com o insólito desproposito.

— Que é isso, primo? — disse a superiora do convento com severidade.

— Quero Teresa aqui fora.

— Como fora? Quem é que há de arrancá-la para fora?

— A senhora, que não pode aqui reter uma filha contra a vontade do pai.

— Isso é verdade; mas tenha prudência, primo.

— Não existe prudência nem meia prudência. Quero a minha filha aqui fora.

— E ela não quer ir?

— Não, senhora.

— Então, espere se com bons modos nós a convençamos a sair, porque não iremos trazê-la arrastada.

— Eu vou buscá-la, se for preciso — redarguiu em crescente fúria. — Abram-me estas portas que eu vou buscá-la.

— Estas portas não se abrem assim, meu primo, sem licença superior. A regra do mosteiro não pode ser quebrada para servir a uma paixão desordenada. Tranquilize-se, senhor! Vá descansar, e venha outra hora menos exaltado para combinar comigo algo que possa ser feito e seja digno de todos nós.

— Já percebi! — exclamou o velho, apontando para a cela onde estava a filha. — Conspiram todas contra mim! Ora descansem, que eu lhes darei uma boa lição. Fique a senhora abadessa a saber que eu não quero que a minha filha receba mais cartas do assassino, entendeu?

— Eu creio que Teresa nunca recebeu cartas de assassinos, nem suponho que as receba de agora em diante.

— Não sei se tem ciência, nem se não. Mas eu vigiarei o convento. A criada que está com ela, ponham-na fora, entendeu?

— Por quê? — redarguiu a superiora do convento com enfado.

— Porque eu a encarreguei de me avisar de tudo, e ela não tem me contado nada.

— É porque não tinha o que lhe dizer, senhor!

— Não me conte histórias, prima! A criada, quero vê-la sair do convento e já!

— Eu não lhe posso fazer a vontade, porque não faço injustiças. Se Vossa Senhoria quiser que a sua filha tenha outra criada, mande-a; mas há muitas senhoras nesta casa que desejam a criada que ela tem assim que a deixe de servir, pois ela mesma deseja ficar aqui.

— Já percebi! — gritou ele. — Querem-me matar! Mas não vão me matar; antes, farei a vida de vocês um inferno!

Tadeu de Albuquerque saiu bufando do hall de entrada do mosteiro. Um ódio terrível lhe contraía as faces enrugadas, levando suor e sangue aos olhos encovados.

Procurou o intendente da polícia, e começou a exigir providências. Primeiro para que ele lhe entregasse a sua filha. O intendente respondeu que aquela não era a forma adequada para tais providências. Então o alertou para que não deixasse sair nenhuma carta de assassino, vindo da comarca de Viseu, em nome de Simão Botelho. Mas o intendente disse que, sem mandado da Justiça, não poderia impedir que o preso escrevesse a quem quer que fosse.

Reduplicada a fúria, Tadeu foi dali ao corregedor do Porto, com os mesmos requerimentos e mesmo tom arrogante. O corregedor, amigo particular de Domingos Botelho, dispensou-o com indiferença, e ainda dizendo-lhe que a velhice sem juízo era causa tanto de riso como de lástima. Ao ouvir isso, Tadeu de Albuquerque estava a ponto de perder a cabeça. Andava desorientado nas ruas do Porto, sem encontrar uma saída digna para a sua vaidade e vingança. No dia seguinte, bateu à porta de alguns desembargadores, mas achou-os mais inclinados à clemência que à justiça a respeito de Simão Botelho. Um deles, amigo de infância de D. Rita Preciosa, e a quem ela tinha implorado por ajuda, falou assim ao raivoso fidalgo:

— Pouco pesa o fato de ser homicida, senhor Albuquerque. Quantas mortes Vossa Senhoria teria causado hoje se alguns dos que não fizeram a sua vontade se opusessem a si com a mesma cólera? Esse infeliz rapaz, contra quem o senhor solicita desvairadas violências, mantém a honra na altura da sua imensa desgraça. O pai o abandonou, deixando-o ser condenado à forca; e ele da sua extrema degradação nunca deu um grito suplicante por misericórdia. Um estranho lhe ajudou na subsistência durante os oito meses de cárcere, e ele aceitou a esmola, que era recebida com honra para si e para quem a dava. Hoje fui eu ver esse desgraçado, que é filho de uma senhora que conheci no palácio sentada ao lado dos reis. Achei-o vestido como um operário, com lã e algodão cru. Perguntei se ele precisava de outras roupas. Ele respondeu-me que se vestira de acordo com as suas condições, e que devia aquelas calças e jaqueta à caridade de um ferrador. Pedi sua permissão para que eu escrevesse ao pai para enviar vestimentas mais adequadas. Disse-me que não pediria nada a quem permitiu que os delitos do seu coração, de sua dignidade e da honra do seu nome fossem punidos num palco de execução. Repare bem: há grandeza neste homem de apenas dezoito anos, senhor Albuquerque. Se Vossa Senhoria tivesse consentido que a sua filha amasse Simão Botelho Castelo Branco, teria poupado a vida do seu sobrinho, homem sem honra que dirigiu insultos e ofensas corporais a Simão de tal forma que ficaria desonrado se ele não as repelisse como homem de alma e brios. Se Vossa Senhoria não tivesse se oposto às honestíssimas e inocentes afeições da sua filha, a Justiça não teria mandado preparar uma forca, nem a vida do seu sobrinho teria sido sacrificada aos seus caprichos. E, se a sua filha casasse com o filho do corregedor de Viseu, pensa acaso Vossa Senhoria que os seus brasões sofreriam mácula? Não sei de que século data a nobreza do senhor Tadeu de

Albuquerque, mas no brasão de D. Rita Teresa Margarida Preciosa Caldeirão Castelo Branco posso dar-lhe informações sobre as páginas das mais verídicas e ilustres genealogias do Reino. Por parte do seu pai, Simão Botelho tem do melhor sangue de Trás-os-Montes, que não temeria entrar em comparativo com o sangue dos Albuquerque de Viseu, que não é, com certeza, o dos Albuquerque terríveis de que fala Luís de Camões em sua obra.

Ele ouviu aquilo tudo calado.

Ofendido até o âmago pela derradeira ironia, Tadeu ergueu-se de ímpeto, tomou o chapéu e a enorme bengala com um ornamento de ouro e fez a cortesia de despedida.

— São amargas as verdades, não são? — disse-lhe, sorrindo, o desembargador Mourão Mosqueira.

— Vossa Excelência lá sabe o que diz, e eu sei o que devo entender — respondeu com tom irônico o fidalgo, torturado na sua honra e na dos seus antepassados.

O desembargador replicou:

— Entenda o que quiser; mas tenha a certeza, se isso lhe serve de alguma coisa, de que Simão Botelho não vai parar na forca.

— Veremos — resmungou o velho.

Capítulo XV

São treze dias decorridos do mês de março de 1805.

Simão está num quarto de malta, que é ocupado pelos presos oriundos de famílias nobres, das cadeias da Relação. Uma cama de tábuas, um colchão simples, uma mesa e cadeira de madeira e um pequeno pacote de roupa, colocado no lugar do travesseiro, são a sua mobília. Sobre a mesa tem uma caixa de madeira escura, que contém as cartas de Teresa, ramalhetes secos, os seus manuscritos do cárcere de Viseu e um avental de Mariana, o último com que ela, no dia do julgamento, enxugara as lágrimas e arrancara de si no primeiro instante de loucura.

Simão relê as cartas de Teresa, abre os envoltórios de papel que encerram as flores ressecadas, contempla o avental de linho, procurando vestígios das lágrimas. Depois, encosta a face e o peito nos ferros da sua janela e avista os horizontes torneados pelas serras de Valongo e Gralheira, e cortados pelas elevações pitorescas da cidade de Gaia, do Candal, de Oliveira e o mosteiro da serra do Pilar. É um dia lindo. Refletem-se no azul do céu os mil matizes da primavera. O ar tem aromas que o vento fugitivo dos jardins derrama no espaço celeste o que roubou dos canteiros. Aquela indefinida alegria, que parece refletir nas legiões de espíritos que se geram ao sol de março, rejubila a natureza. É com toda pompa de luz e flores, namorando com o calor, que a vai fecundando.

Dia de amor e de esperança era aquele que Deus enviava tanto ao casebre encravado na garganta da serra, ao palácio esplendoroso que reverberava ao sol com seus respiradouros, ao opulento que passeava em suas luxuosas carruagens, bafejado pelo respiro acre das amoras, e ao mendigo que desentorpecia os membros, encostado às colunas dos templos.

E Simão Botelho, fugindo da claridade da luz, e do voo das aves, meditando, chorava e escrevia assim as suas reflexões:

O pão do trabalho de cada dia, e o teu seio para repousar uma hora a face, pura de manchas: não pedi mais ao Céu.

Achei-me homem aos dezesseis anos. Vi a virtude à luz do teu amor. Pensei que era santa a paixão que absorvia todas as outras, ou as depurava com o seu fogo sagrado.

Nunca os meus pensamentos foram denegridos por um desejo que eu não possa confessar em alta voz perante todo o mundo. Diz-me tu, Teresa, se os meus lábios profanaram a pureza dos teus ouvidos. Pergunta a Deus quando quis eu fazer do meu amor o teu próprio.

Nunca, Teresa! Nunca, ó mundo que me condenas!

Se o teu pai quisesse que eu me arrastasse a seus pés para te merecer, eu seria capaz de beijar os pés dele. Se tu me mandasses morrer para não te privar de ser feliz com outro homem, eu morreria, Teresa!

Mas tu estavas sozinha e infeliz, e eu pensei que o teu carrasco não devia sobreviver. Eis-me aqui assassino, e sem remorsos. A loucura do crime aturde a consciência; não a minha, que não temia as escadas da forca, nestes dias em que o meu despertar era sempre como agonia por sufocação.

Eu esperava a cada hora a chamada para o oratório, e dizia para mim mesmo: falarei a Jesus Cristo.

Sem pavor, premeditava nas setenta horas que antecedia essa agonia moral, antevendo confortos que um criminoso não ousaria esperar sem zombar da justiça de Deus.

Mas chorava por ti, Teresa! Pelo sabor amargo que meus atos lhe haviam causado levando às mil amarguras das tuas lágrimas.

Gemias aos meus ouvidos! Ias presenciar-me sacudindo nas convulsões da morte, nos teus delírios. A mesma morte tem o horror da suprema desgraça. Tarde morrerias. A minha imagem, em vez de te acenar com a sua palma de martírio, seria-te um fantasma levantado das tábuas de um palanque de forca.

Que morte a tua, ó minha santa amiga!

E prosseguiu até o momento em que João da Cruz, com permissão do intendente-geral da polícia, entrou no quarto.

— Você aqui! — exclamou Simão, abraçando-o. — E Mariana? Deixou-a sozinha? Morta, talvez!

— Nem sozinha nem morta, fidalgo! O diabo nem sempre está atrás da porta. Mariana felizmente voltou ao seu juízo.

— Fala a verdade, senhor João?

— Pudera mentir! Aquilo foi coisa de bruxaria, cá para mim. Sangrias, remédios, água fria na cabeça e exorcismos do missionário, nem lhe conto o que passou, mas ela agora está a se recuperar, e, assim que tiver um pouco de forças, põe-se a caminho.

— Bendito seja Deus! — exclamou Simão.

— Amém — acrescentou o ferrador. — Então que espécie de quarto é este? Que raio de cama é esta? Deveria haver aqui uma cama de gente, e alguma coisa em que um cristão pudesse se sentar.

— Isto está ótimo pra mim.

— Bem vejo. E a alimentação? Como o senhor vai de comida?

— Ainda tenho algum dinheiro, meu amigo.

— Deve ter muito, não tenho dúvidas: mas eu trouxe mais, e Vossa Senhoria tem uma ordem expressa. Leia este papel.

Simão leu uma carta de D. Rita Preciosa, escrita ao ferrador, em que o autorizava a socorrer o filho com as necessárias despesas, prontificando-se a pagar todas as ordens que lhe fossem apresentadas com a sua assinatura.

— É justo — disse Simão, restituindo a carta —, porque eu já lhe tenho custado bastante.
— Então já vê que não tem mais que pedir esmola. Eu vou comprar-lhe o que é necessário.
— Abra-me o seu nobre coração para outro serviço mais valioso — disse o preso.
— Diga lá, fidalgo.

Simão pediu-lhe que entregasse uma carta a Teresa de Albuquerque.

— O Diabo é mesmo danado! — disse o ferrador. — O pai dela está aqui, sabia?
— Não.
— Pois está; e, se o Diabo o traz para perto de mim, não sei se esbarrarei com ele numa esquina. Já pensei até em esperá-lo no caminho e pendurá-lo pelo pescoço no galho de um carvalho. A carta que quer enviar precisa de resposta?
— Se houver jeito, meu bom amigo.

E se despediram.

Chegou o ferrador a Monchique no mesmo momento em que um oficial de justiça, dois médicos e Tadeu de Albuquerque entravam no pátio do convento.

O oficial dirigiu-se à madre superiora, exigindo, em nome do juiz de fora, que dois médicos entrassem no convento para examinar a doente Teresa Clementina de Albuquerque, a pedido do seu pai.

A superiora perguntou aos médicos se eles tinham a necessária licença eclesiástica para entrarem num convento. À resposta negativa informou a abadessa que as portas do convento não se abririam. Os médicos disseram a Tadeu de Albuquerque que aquilo era uma regra dos mosteiros, e não houve maneiras de convencer a rigorosa mulher do contrário.

Não restando o que fazer, eles saíram. O ferrador, que esperava este desfecho, só então ficou pensando na melhor maneira de entregar a carta. A primeira ideia pareceu-lhe boa. Chegou à porta, e disse:

— Ó senhora freira!
— Que quer vosmecê? — disse a superiora do convento.
— A senhora faz favor de dizer à senhora D. Teresinha de Viseu que aqui está o pai daquela rapariga da aldeia, que ela sabe?
— E quem é vosmecê?
— Sou o pai da tal rapariga.
— Já sei! — exclamou de dentro a voz de Teresa, correndo até a sala ao lado.

A superiora do convento retirou-se para um lado e disse:

— Vê lá o que fazes, minha filha. — E saiu, deixando os dois a conversar.
— A sua filha me escreveu? — disse Teresa a João da Cruz.
— Sim, senhora, aqui está a carta.

Ele depositou a carta na roda e a girou, para alcançar as mãos de Teresa. Cena essa, sob os olhares da abadessa, que disse sorrindo:

— Muito engenhoso é o amor, Teresinha. Permita Deus que estas notícias da aldeia te alegrem o coração; mas olha, filhinha, não penses que a tua velha tia é menos esperta que o pai dessa rapariga.

Teresa respondeu com beijos às jovialidades carinhosas da santa senhora, e correu para ler sozinha a carta, e para escrever uma resposta. Entregando-a, disse ela ao ferrador:

— Vê aí sentada na escadinha uma pobre mendiga?

— Vejo, sim, senhora, e a conheço. Como diabo veio parar aqui esta mulher? Pensei que, depois de ser expulsa e agredida pelo horticultor, a pobrezinha não teria coragem de voltar! Mas essa mulher pelo visto tem fibra!

— Fale baixo — disse Teresa. — Pois olhe, quando trouxer as cartas, entregue a ela, sim? Eu já pedi que levasse cartas à cadeia: mas não a deixaram entrar.

— Bem está, e dessa forma é mais seguro. Fique com Deus, menina.

E se despediram. João da Cruz tomou o caminho da cadeia.

Estas boas notícias alegraram Simão. A providência divina apiedara-se dele naquele dia. Ver restaurado o juízo de Mariana e a possibilidade de corresponder-se com Teresa eram as maiores alegrias que poderiam baixar do Céu para amenizar o seu infortúnio.

Simão estava exultante. Dava graças a Deus por todas as novidades. João da Cruz, que arrumava no quarto uns móveis que comprara de segunda mão, então suspendeu o trabalho e se pôs a falar:

— Então vou-lhe contar outra coisa, que estava guardando, pois pretendia fazer uma surpresa.

— O que se passa?

— A minha Mariana veio comigo para o Porto, e ficou na estalagem, porque ainda sentia dores; mas amanhã ela virá aqui para lhe fazer a comida e varrer o quarto.

Simão, reconcentrando o indefinível sentimento que essa notícia lhe causara, disse com melancólica pausa:

— É certo que a minha má sorte arrasta a sua desgraçada filha a todos os meus abismos! Pobre anjo de caridade, digna do Céu!

— Que está a dizer? — interrompeu o ferrador. — Parece que não gostou da notícia!

— Senhor João — disse solenemente o preso —, não deixe a sua querida filha vir aqui. Certamente quero vê-la. Traga-a consigo uma vez a esta casa, mas não a deixe vir sozinha, porque eu não posso protegê-la. O Porto não é lugar para uma jovem, sozinha, sem conhecer ninguém, bela como ela é, certamente será perseguida...

— Perseguida! Como assim? Ela é o tipo de jovem que escolhe quem se deixa perseguir! Ó meu amigo, as mulheres são como as peras verdes: um homem apalpa-as, e, se o dedo acha duro, deixa-as, e não as come. É assim. A Mariana saiu à mãe. A minha mulher, que Deus a tenha, quando eu tentava chamar a sua atenção, dei-lhe um dia um beliscão em sua perna. Ela se recompôs do susto e deu-me dois cascudos, que eu sinto até hoje. A Mariana! Aquilo é da pele de Satanás! Pergunte o senhor, se algum dia falar com aquele fidalguinho Mendes de Viseu, a lambada que ele levou com as rédeas da égua, só por tocar em sua sandália quando ela estava em cima da burra!

Simão sorriu ao elogio rasgado à bravura de Mariana, e orgulhou-se secretamente dos gestos de carinho que ela lhe ofertara em oito meses de convivência.

— E o senhor há de privar-se da companhia da sua filha? — insistiu o preso.

— Eu me arranjarei lá na aldeia como puder. Tenho uma cunhada velha e levo-a para me preparar comida. E Vossa Senhoria estará por pouco tempo aqui. O senhor corregedor está a tratar de o pôr em liberdade. E, cá para mim, já são favas contadas. E talvez não devesse contar, então vou dizer-lhe tudo de uma vez: se eu não deixasse minha filha vir para o Porto, ela faria de minha vida um inferno. Eu não sou tolo, fidalgo. Que ela tem paixão imensa por Vossa Senhoria, isso é tão certo como eu ser João. É a sua sina; que hei de fazer? Só me resta deixá-la fazer o que quer, pois com o senhor Simão não lhe virá o mal, ou então já não há honra neste mundo.

Simão lançou-se aos braços do ferrador, exclamando:

— Pudesse eu ser um marido para sua filha, meu nobre amigo!

— Que marido! — disse o ferrador com os olhos vidrados das primeiras lágrimas que Simão vira nele. — Eu nunca pensei nisso, nem ela! Eu sei que sou um ferrador, e ela sabe que pode ser apenas a sua criada, e mais nada, senhor Simão; e sabe que mais? Eu desejaria a desgraça aos meus amigos se o senhor se casasse com uma pobre rapariga! Não falemos mais nisso. Eu raramente choro; mas quando me ponho a chorar sou como um chafariz. Voltemos à arrumação do quarto: a mesa deve ficar aqui; a cômoda ali; duas cadeiras deste lado, e duas daquele. O baú debaixo da cama. A bacia e o pote de água sobre esta coisa, que não sei como se chama. Os lençóis e o restante, Mariana decide como arrumar. Amanhã o quarto parecerá como uma bela casa. Mariana havia me pedido que comprasse duas daquelas. Como se chamam aquelas vasilhas de pôr ramos?

— Jarras.

— É como diz, duas jarras para flores; mas não sei onde se vende isso. Agora vou buscar o jantar, senão minha filha há de pensar que me não deixaram sair da cadeia. Eu não havia contado que não me deixaram entrar aqui ontem à tarde; mas, como eu trouxe uma cartinha da sua mãe para um senhor desembargador, estive hoje de manhã à estalagem do senhor intendente-geral da polícia e tudo foi resolvido.

Então o ferrador se despediu de Simão e saiu.

Capítulo XVI

Um incidente agora me ocorre, não muito a par com o seguimento da história, mas vindo a propósito para demonstrar uma face da índole do ex-corregedor de Viseu, já então exonerado do cargo.

Já é sabido que Manuel Botelho, o primogênito e irmão de Simão, voltando a frequentar matemáticas em Coimbra, fugira dali para a Espanha com uma dama infiel ao seu marido, um estudante da Ilha dos Açores que cursava medicina.

Manuel Botelho permanecera um ano na cidade de La Coruna com a fugitiva, alimentando-se dos recursos que a sua mãe, capaz de atos extremos pelo filho, remetia-lhe, vendendo pouco a pouco as suas joias, e privando as filhas dos adornos próprios dos anos e de mais qualidade.

Secaram-se essas fontes e não restavam outras. Por fim, D. Rita disse ao primogênito que deixara de socorrer Simão por não ter meios; e agora, das atuais escassas economias, nada podia mais enviar, porque tinha de pagar os alimentos de Simão à pessoa que, por compaixão, cuidara dele em Viseu, e agora o fazia na cadeia do Porto. Pedia ela, para consolação do filho, que voltasse para Vila Real, e trouxesse consigo a infeliz senhora; que viesse para casa, a deixasse numa estalagem até se arranjar uma habitação; o que nesta altura era um momento oportuno, pois o pai residia na quinta de Montezelos, quase divorciado da família.

Voltou Manuel Botelho, e chegou com a dama ao Porto, quinze dias depois de Simão entrar no cárcere.

É fato que os dois irmãos nunca se deram bem, nem se estimavam; mas o infortúnio de Simão atenuava as culpas do gênio fatal que o deixara órfão de pai e mãe, e só da irmã Rita lhe deixara uma lembrança saudosa.

Manuel foi então à cadeia, e, abrindo os braços ao irmão, foi recebido com frieza.

Manuel perguntou-lhe a história do seu desastre.

— Consta do processo — respondeu Simão, sem estender-se mais.

— E você tem esperanças de liberdade? — disse Manuel.

— Não penso nisso.

— Eu pouco posso oferecer-lhe, porque vou para casa forçado pela falta de recursos; mas, se precisa de roupa, repartirei contigo a minha.

— Não preciso de nada. Esmolas só recebo daquela mulher.

Manuel havia reparado em Mariana e, considerando a beleza da rapariga, formara falsos juízos.

— E quem é esta menina? — perguntou Manuel.

— É um anjo. Não sei lhe dizer mais nada.

Mariana sorriu e disse:

— Sou uma criada do senhor Simão e de Vossa Senhoria.

— É cá do Porto?

— Não, meu senhor, sou dos arredores de Viseu.

— E tem feito companhia ao meu mano?

Simão atalhou assim à resposta balbuciante de Mariana:

— A sua curiosidade incomoda-me, mano Manuel.

— Pensei que não era ofensiva — respondeu o outro, tomando o chapéu. — Quer mandar algum recado à mãe?

— Não.

Após uma fria despedida, Manuel terminou sua visita.

Na tarde desse mesmo dia, enquanto Manuel Botelho estava fechando suas malas para seguir até Vila Real, recebeu de surpresa a visita do desembargador Mourão Mosqueira e do corregedor de polícia.

— Devemos à espionagem da polícia — disse o corregedor — a descoberta de que estava nesta estalagem um filho de um antigo amigo meu, colega e companheiro de estudos, Domingos Correia Botelho. Então viemos dar-lhe um abraço e oferecer o nosso préstimo. Esta senhora é a sua esposa? — continuou o magistrado, reparando na açoriana.

— Não é minha esposa — balbuciou Manuel. — Ela é minha irmã.

— Sua irmã — disse Mosqueira. — Qual das três? Há cinco anos que as vi em Viseu, e grande mudança sofreu esta senhora, que não me recordo coisa nenhuma das suas feições. É a senhora D. Ana Amália?

— Justamente — disse Manuel.

— Posso afirmar que és bela, minha senhora; mas seu rosto está muito diferente!

— Vieram ver o infeliz Simão? — atalhou o corregedor.

— Sim, senhor. Viemos ver meu pobre irmão.

— Aquele rapaz foi um raio que caiu na família! — jurou Mosqueira. — Mas pode estar certo de que a sentença não se executa; diga à sua mãe que o ouviu da minha boca. O meu tribunal está preparado para diminuir a pena para dez anos de exílio na Índia, e o seu pai, segundo me disse na passagem para Vila Real, já preparou as coisas na Suplicação e no Desembargo do Paço, apesar de o morto lá ter parentes poderosos nas duas instâncias. Quiséramos absolvê-lo e restituí-lo à sua família; mas tanto é impossível. Simão matou e confessa soberbamente que matou. Não consente mesmo que se diga que o fez em defesa. É um doido desgraçado com sentimentos nobres! Chovem cartas de empenho a favor do Albuquerque. Pedem a cabeça do pobre rapaz sem-cerimônia que indigna o ânimo.

— E essa menina que foi a causa da desgraça? — perguntou Manuel.

— Essa é uma heroína! — respondeu o corregedor do crime. — Davam-na já por morta quando Simão chegou aqui. Desde que soube das probabilidades da comutação da pena, deu um pontapé na morte, e está salva, segundo me disse o médico.

— Conhece-a bem, minha senhora? — disse o desembargador à dama.

— Muito bem — respondeu ela, voltando os olhos ao amante.

— Dizem que é formosíssima!

— Decerto — respondeu Manuel em seu lugar — é formosíssima!

— Muito bem — disse o corregedor, erguendo-se. — Leve este abraço ao seu pai, e diga-lhe que o companheiro de estudos aqui está, leal e dedicado como sempre. Tentarei lhe escrever brevemente.

— E outro abraço para sua virtuosa mãe — acrescentou o desembargador, e saíram

— Vou desconfiado! — disse o Mosqueira ao colega. — Há cerca de um ano, Manuel Botelho tinha fugido para a Espanha com uma senhora casada. E aquela mulher que vimos não é irmã dele.

— Então, se mentiu para nós, é um patife, por nos obrigar a cumprimentar uma concubina! Vou me informar melhor — disse o corregedor, ofendido na sua honra.

E, escrevendo a Domingos Botelho, dizia no período final da carta:

Tive o gosto de conhecer o teu filho Manuel e uma das tuas filhas; por ele te mandei um abraço, e por ela te mandaria outro, se fosse moda os velhos ensinarem a meninas bonitas como se dão os abraços nos pais.

Manuel estava em casa, e pensava em alugar uma modesta casa para a açoriana, auxiliado pela sua bondosa e protetora mãe. Domingos Botelho fora informado da vinda, e dissera que não queria ver o filho, avisando-o de que era considerado desertor de cavalaria desde que abandonara os estudos, tendo tirado uma licença.

Mas, depois de receber a carta de seu amigo com o relato sobre a mulher que o acompanhava, mandou imediatamente um espião ver se em Vila Real estava a senhora indicada na carta. O espião deu-a como certa na estalagem. O magistrado escreveu então ao juiz de fora, que logo convocou a mulher à sua presença e dela ouviu a sua história, sincera e lacrimosamente contada. O juiz sentiu pena, e revelou ao colega as suas averiguações. Domingos Botelho foi a Vila Real e hospedou-se na casa do juiz de fora, onde a senhora foi novamente chamada, sendo que ao mesmo tempo o general da província dava ordem de prisão para o cadete desertor de cavalaria de Bragança.

A açoriana, em vez do juiz, encontrou desta vez um homem feio, de carrancuda sombra e aparências de intenções sinistras.

— Eu sou pai de Manuel — disse Domingos Botelho. — Conheço a história da senhora. O infame é ele. A senhora é a vítima. O castigo da senhora teve início no momento em que a sua consciência lhe disse que praticou uma ação indigna. Se a consciência não lhe disse ainda, ela dirá. De onde é?

— Da ilha do Faial — respondeu trêmula a dama.

— Tem família?

— Tenho mãe e irmãs.

— Sua mãe ia aceitá-la se a senhora lhe pedisse abrigo?

— Creio que sim.

— Sabe que Manuel é um desertor, que a estas horas está preso ou está fugindo?

— Não sabia.

— Isso significa que a senhora não tem a proteção de alguém.

A pobre mulher soluçava, abafada por ânsias, e debulhada em lágrimas.

— Por que não volta para a sua mãe?

— Não tenho recursos — respondeu ela.

— Gostaria de partir hoje mesmo? À porta da estalagem, daqui a pouco, encontrará uma liteira e uma criada para acompanhá-la até o Porto. Lá entregará uma carta. A pessoa a quem escrevo tratará da passagem para Lisboa. Em Lisboa, outra pessoa a levará a bordo da primeira embarcação que sair para os Açores. O que lhe parece esta proposta? Aceita?

— Beijo as mãos de Vossa Senhoria. Uma desgraçada como eu não poderia esperar tanta caridade.

Poucas horas depois, a açoriana...

"Morreu de paixão e vergonha, talvez!", diria uma leitora sensível.

Não, minha senhora; Manuel Botelho voltou nesse mesmo ano a frequentar a universidade e, como tinha vasta instrução em patologia, poupou-se à morte por causa da vergonha, que é uma morte inventada pelo visconde de A. Garrett, no livro *Frei Luís de Sousa*, e também à morte provocada pela paixão, que é outra morte inventada pelos namorados nas cartas repletas de mágoas, e que não atingem aqueles dotados de sábia filosofia, filosofia grega ou romana.

Manuel pareceu não ter sofrido tanto, nem sequer enfraqueceu ou pode-se ser uma alteração significativa do ânimo, insensível às amenidades da terapêutica.

A mulher, inquestionavelmente mais abatida e doente que o seu amante, lavada em lágrimas, morta de saudades, sem futuro, sem esperanças, sem voz humana que a consolasse, entrou na liteira e chegou ao Porto, onde procurou o corregedor do crime para entregar-lhe uma carta do doutor Domingos Botelho.

Uma parte desta carta dizia assim:

O amigo deu-me notícia de uma filha que eu não conhecia, nem reconheço. A mãe dessa senhora vive em Faial, para onde ela vai. Prepare o transporte dela para Lisboa, e encarregue alguém de preparar a passagem dela para os Açores no primeiro navio. Depois me apresente as contas das despesas. O meu filho Manuel teve ao menos a virtude de não matar ninguém para ser amante. Do modo como correm os tempos, muito virtuoso é o rapaz que não mata o marido da mulher que ama. Vê se consegues do general daí o perdão para o rapaz que é desertor de uma equipe de cavalaria, e soube que está escondido na casa de um parente. Quanto a Simão, creio que não é possível salvá-lo do exílio temporário. A África vai livrá-lo da forca. Em Lisboa, movem-se grandes forças contra o desgraçado, e eu fiquei malvisto pelo intendente-geral por abandonar o lugar etc.

Partiu para Lisboa a açoriana, e dali para a sua terra e para o abrigo da sua mãe, que a julgava morta, e lhe deu anos de vida, se não feliz, sossegada e desiludida de fantasias.

Manuel Botelho, após obter o perdão graças ao corregedor do crime, mudou-se para um quartel em Lisboa, e aí permaneceu até que, falecido o seu pai, pediu baixa e voltou à província.

Capítulo XVII

João da Cruz, no dia 4 de agosto de 1805, sentou-se à mesa com triste aspecto e nenhum apetite.

— Não comes, João? — disse-lhe a cunhada.

— Não. Não passa daqui o bocado — respondeu ele apontando os dedos para o pescoço.

— Que tens?

— Tenho saudades da rapariga. Daria agora tudo quanto tenho para vê-la aqui ao meu pé, com aqueles olhos que pareciam capazes de penetrar nos mais profundos sentimentos de um homem. Foram as desgraças da minha vida que me fizeram perdê-la, e Deus sabe se por pouco tempo, se para sempre! Se eu não tivesse dado o tiro no cocheiro, não deveria favor ao corregedor, e nem me importaria que o filho dele vivesse ou morresse.

— Mas se tens saudades — atalhou a senhora Josefa —, manda buscar a rapariga. Mantenha consigo por algum tempo, e manda-a depois outra vez para servir o senhor Simão.

— Isso não é algo de homem que põe navalha na cara, Josefa. O rapaz, se ela lhe falta, morre solitário dentro daqueles ferros. Isto é uma doideira que me deu hoje. Sabes que mais? Raios que partam o dinheiro: amanhã vou ao Porto.

— Pois isso é o que deves fazer.

— Está dito. Quem ficar aqui que o ganhe. Vão-se os anéis e ficam os dedos. Por ora, tem-se resistido a tudo com meu braço. A rapariga, se ficar com menos, há de se arranjar. Se assim o quer, assim o tenha.

A fisionomia do mestre ferrador se animou, e os empecilhos que entalavam a garganta iam-se removendo à medida que planejava a sua ida ao Porto.

Acabara de almoçar e ficara meditando, encostado à mesa do estrado alto.

— Ainda estás a pensar? — perguntou Josefa.

— Parece coisa do demônio, mulher! Será que ela está doente ou morta?

— Anjo bento da Santíssima Trindade — exclamou a cunhada, erguendo as mãos. — Que dizes, João?

— Estou cá passando mal como aquela fritada!

— Isso é ansiedade, homem! Vai tomar ar, trabalha um pouco para tirar esses pensamentos.

João da Cruz foi até a oficina e começou preparar cravos.

Alguns conhecidos tinham passado, conversando com ele como costumavam fazer, e acharam-no meio triste e sem disposição para conversas.

— Que tens, João? — dizia um.

— Não tenho nada. Vai cuidar da tua vida e deixa-me, que não estou para conversa.

Outro parava e dizia:

— Guarde-o Deus, senhor João.

— E a você também. Que novidade traz?

— Não sei de nada.

— Pois então vá com a Nossa Senhora, que eu estou irritado.

O ferrador largava o martelo; sentava-se um pouco e coçava a cabeça com frenesi. Depois recomeçava o trabalho, e o fazia tão distraído que estragava o cravo ou martelava os dedos.

— Isto deve ser coisa do Diabo! — exclamou ele, e foi à cozinha procurar a garrafa de vinho, que virou à boca como qualquer fidalgo elegante que se permite perder o juízo com o absinto. — Hei de te afogar, coisa má, que estás a me apertar a alma! — continuou o ferrador, tentando afastar a sensação ruim, sacudindo os braços e batendo o pé no assoalho.

Voltou à oficina ao mesmo tempo que um viajante passava montado em sua mula. Envolvia-se o cavaleiro num amplo capote à moda espanhola. Usava botas de couro cru, com esporas amarelas afiveladas, e o chapéu levemente caído sobre os olhos.

— Ora viva! — disse o passageiro.

— Viva! — respondeu mestre João, relanceando os olhos pelas quatro patas da mula, a ver se tinha algo em que pudesse entreter o espírito. — A mula é de boa raça!

— Não é má. Você é o senhor João da Cruz?

— Para o servir.

— Venho aqui pagar-lhe uma dívida.

— A mim? O senhor não me deve nada, que eu saiba.

— Não sou eu que devo; é o meu pai, e ele foi quem me encarregou de lhe pagar.

— E quem é o seu pai?

— O meu pai era um cocheiro chamado Bento Machado.

Proferida metade dessas palavras, o cavaleiro afastou rapidamente as mangas do capote e desfechou um tiro de bacamarte no peito do ferrador. O ferido recuou, exclamando:

— Mataram-me!... Mariana, não te verei mais!...

O assassino teria dado cinquenta passos a todo o galope sobre a espantada mula quando João da Cruz, debruçado no banco, arrancava do peito o último suspiro com a cara fincada no chão, de onde apontara ao peito do cocheiro dez anos antes.

Os caminhantes, que viram o cavaleiro passar inadvertidamente, logo se ajuntaram ao redor do cadáver. Josefa, que correu ao ouvir o estrondo do tiro, já não ouviu as últimas palavras do seu cunhado. Quis transportá-lo para dentro, e tentou chamar o cirurgião; mas já havia um cirurgião naquele ajuntamento, e ele chegou apenas para declarar o homem morto.

— Quem o matou? — exclamaram trinta vozes ao mesmo tempo.

Nesse mesmo dia, vieram justiças de Viseu para abrir o inquérito e analisar suspeitas: nenhum indício encontraram do misterioso assassino. O escrivão inventariou os objetos do local, e fechou as portas quando os sinos tocaram uma última vez ao cair do pano sobre João da Cruz.

Deus terá descontado os instintos sanguinários do teu temperamento pela nobreza da tua alma! Pensando nas incoerências da tua índole, homem que me explicas a sabedoria divina, por isso assombram-me as caprichosas antíteses que a mão de Deus infunde em alentos na criatura. Dorme o teu sono infinito, se nenhum outro tribunal te cita a responder pelas vidas que tiraste, e pelo que fizeste. Mas, se há lugar para castigo e misericórdia, as lágrimas da tua filha serão, na presença do Juiz Supremo, a sua melhor defesa.

Josefa escreveu a Mariana, noticiando-lhe a morte do seu pai, mas mandou a carta a Simão Botelho, para maior segurança. Mariana estava no quarto do preso quando a carta lhe foi entregue.

— Não conheço a letra, Mariana. E o selo é preto.

Mariana examinou o sobrescrito e empalideceu.

— Eu conheço a letra — disse ela. — É do Joaquim da loja. Abra, depressa, senhor Simão. Será que meu pai está mal?

— Que foste pensar! Não recebeste ainda há três dias uma carta dele? E ele não disse que estava bem?

— O que tem aí? Veja quem assina.

Simão procurou a assinatura e disse:

— Josefa Maria! É a tua tia quem te escreve.

— Leia, leia. Que diz ela? Deixe-me ler.

O preso lia mentalmente, e Mariana instou:

— Leia alto, senhor Simão, só de saber quem escreveu estou a tremer, e Vossa Senhoria também treme. O que diz aí, meu Deus?

Simão deixou cair a carta e sentou-se prostrado, empalidecido. Mariana correu a levantar a carta, e ele, tomando-lhe a mão, murmurou:

— Pobre amigo! Choremos ambos, choremos, Mariana, que o amávamos como filhos.

— Morreu? — gritou ela.

— Morreu. Mataram seu pai!

A rapariga expediu um grito agudo e foi com o rosto contra o ferro das grades. Simão inclinou-a contra o seu peito e disse-lhe com muita ternura e veemência:

— Mariana, lembra-te da tua força. As últimas palavras do teu pai deviam ser vingar-se do desgraçado que recebeu o pão da vida das tuas mãos benfeitoras. Mariana, minha querida irmã, vence a dor que te pode matar, e vence-a por amor a mim. Ouve-me, amiga da minha alma.

Mariana exclamou:

— Deixe-me chorar, por caridade! Ai! Meu Deus. Volto a endoidecer!

— E que seria de mim? — atalhou Simão. — Quem me deixarias para me suavizar este martírio? Quem me levaria ao desterro uma palavra amiga que me levasse a crer em Deus? Não hás de enlouquecer, Mariana, porque eu sei que me estimas, que me amas e que afrontarás com coragem a maior desgraça que ainda pode levar-me ao inferno! Chora, minha irmã, chora; mas vê-me através das tuas lágrimas!

Capítulo XVIII

Depois de decorridos alguns dias, Mariana foi a Viseu tratar dos bens deixados pelo pai. Se levarmos em consideração a sua condição social e o seu nascimento, o laborioso ferrador a deixou com muitos dotes. Além das terras, cujo rendimento bastaria para o seu sustento, Mariana encontrou sob uma pedra da lareira quatrocentos mil-réis, reserva com que João da Cruz contava para garantir uma boa vida numa decrepitude inerte. Então Mariana vendeu as terras e deixou a casa para tia, que nascera nela, e fora onde o seu pai casara.

Resolvido isso, voltou para o Porto e entregou o seu dote nas mãos de Simão Botelho, dizendo que receava ser roubada na casinha em que vivia, fronteiriça à Relação, na rua de São Bento.

— Por que é que vendeste as tuas terras, Mariana? — perguntou o preso.

— Vendi, porque não tenho intenções de voltar para lá.

— Não tens? E para onde hás de ir, Mariana, se eu for exilado? Ficará no Porto?

— Não, senhor, não fico — balbuciou ela como admirada dessa pergunta, à qual o seu coração julgava ter respondido há muito.

— Pois então?

— Vou contigo para o exílio, se Vossa Senhoria me quiser na sua companhia.

Fingindo-se surpreendido, Simão pareceria ridículo se se visse com os próprios olhos.

— Esperava essa resposta, Mariana, e sabia que não me dava outra. Mas tens ideia do que é o exílio, minha amiga?

— Tenho ouvido dizer muitas vezes o que é, senhor Simão. É uma terra mais quente que a nossa; mas lá também há pão, vive-se da mesma forma.

— E morre-se abrasado ao sol doentio daquele céu, morre-se de saudades da pátria, morre-se muitas vezes dos maus-tratos dos governadores das embarcações que têm um condenado por conta.

— Não há de ser tão mau assim. Eu tenho perguntado muito sobre isso à mulher de um preso que cumpriu dez anos de sentença na Índia, e viveu muito bem numa terra chamada Solor, onde teve uma tenda; e, se não fossem as saudades, diz ela que não vinha, porque lhe corria por lá melhor a vida que aqui. Eu, se for por vontade do senhor Simão, hei de abrir uma lojinha também. Verá como eu arrumo a vida. E quanto ao calor, já estou acostumada; Vossa Senhoria não está; mas não há de ter problemas, se Deus quiser, de andar ao sol.

— E supõe, Mariana, que morro no exílio?

— Não falemos nisso, senhor Simão.

— Falemos, minha amiga, porque eu hei de sentir a pesar-me na alma, à hora da morte, a responsabilidade do seu destino. E se eu morrer?

— Se o senhor morrer, eu saberei morrer também.

— Ninguém morre quando quer, Mariana.

— Ó! Claro que morre! E também se vive quando se quer. Não o disse já a senhora Teresa?

— O que ela lhe disse?

— Que estava a morrer quando Vossa Senhoria chegou ao Porto, e que a sua chegada lhe deu vida. Pois há muita gente assim, senhor Simão. A fidalga é fraquinha, e eu sou mulher do campo, habituada a todos os trabalhos; e, se fosse preciso meter uma faca no braço e deixar correr o sangue até morrer, faria sem hesitação.

— Ouve-me, Mariana: que esperas de mim?

— Que hei eu de esperar? Por que me pergunta isso, senhor Simão?

— Os sacrifícios que tens feito e queres fazer por mim só podiam ter uma paga, embora não os faças à espera de uma recompensa. Abre-me o teu coração, Mariana.

— Que quer que eu lhe diga?

— Conheces a minha vida tão bem como eu, não é verdade?

— Conheço, e o que tem isso?

— Sabes que eu estou ligado pela vida e pela morte àquela desgraçada senhora?

— E daí? Quem lhe disse o contrário?

— Os teus sentimentos do coração só posso agradecer com amizade.

— E eu já lhe pedi mais alguma coisa, senhor Simão?

— Não me pediste, Mariana; mas compromete-se tanto comigo, que me fazes mais infeliz com o peso dessa dedicação.

Mariana não respondeu, apenas chorou.

— E por que choras? — disse Simão carinhosamente.

— O que dizes é ingratidão. E eu não mereço que diga que o faço infeliz.

— Não me compreendeste. Sou infeliz por não te poder fazer minha mulher. Eu queria que você pudesse dizer: "Sacrifiquei-me pelo meu marido; no dia em que o vi ferido em casa do meu pai, velei as noites ao seu lado; quando a desgraça o encerrou entre ferros, dei-lhe o pão que nem os seus ricos pais lhe davam; quando o vi sentenciado à forca, endoideci; quando a luz da minha razão tornou-me um raio de compaixão divina, corri ao segundo cárcere, alimentei-o, vesti-o e adornei as paredes nuas da sua cela; quando o exilaram, acompanhei-o, fiz-me a pátria daquele pobre coração, trabalhei à luz do sol inclemente para ele se resguardar do clima, do trabalho, e do desamparo, que o matariam".

O espírito de Mariana não se podia alcançar à expressão do preso; mas no coração adivinhava-lhe as ideias. E a pobre rapariga sorria e chorava ao mesmo tempo. Simão continuou:

— Tens vinte e seis anos, Mariana. Vive, pois a tua existência não pode ser um suplício oculto. Vive, que não deves dar tudo a quem não te pode restituir senão as lágrimas que eu te tenho custado. O tempo do meu exílio não deve estar longe; e esperar outro melhor destino seria uma loucura. Se eu ficasse em Portugal, livre ou preso, pediria à minha irmã que completasse a obra generosa da tua compaixão, esperando que eu te desse a última palavra da minha vida. Mas não vás comigo à África ou à Índia, que sei que voltarás sozinha à pátria depois que eu fechar os olhos. Se o meu exílio for temporário, e a morte me guardar para piores naufrágios, um dia voltarei à pátria. É preciso que aqui esteja para eu poder dizer que venho para minha família, que tenho aqui uma alma desmedida que me espera. Se te encontrar com marido e filhos, a tua família será a minha. Se te vir livre e só, irei para a sua companhia, minha irmã. Que me respondes, Mariana?

A filha de João da Cruz, erguendo os olhos do pavimento, disse:

— Eu verei o que fazer quando o senhor Simão partir para o exílio.

— Pensa desde já, Mariana.

— Não tenho o que pensar. A minha decisão está tomada.

— Fala, minha amiga; diz-me qual é.

Mariana hesitou alguns segundos, e respondeu serenamente:

— Quando eu vir que não lhe sou necessária, acabo com a minha vida. Acha que eu preciso de muitas razões para me matar? Não tenho pai, não tenho ninguém, a minha vida não faz falta a pessoa alguma. O senhor Simão pode viver sem mim? Paciência! Eu é que não posso o mesmo.

Mariana interrompeu o complemento da ideia como quem comete uma ousadia. O preso apertou-a nos braços estremecidamente e disse:

— Irás, irás comigo, minha irmã. Pense muito no infortúnio de nós dois a partir de agora, que ele será comum; é um veneno que havemos de tragar unidos, e lá teremos uma sepultura de terra tão pesada como a da pátria.

Desde esse dia, uma alegria extrema enlouqueceu o coração de Mariana. Não inventemos maravilhas de abnegação. Era uma mulher guiada pelo coração. Amava Simão como a fantasia se compraz de idealizar o amor de uns anjos que batem as asas de baile em baile, e apenas param o tempo preciso para se fazerem ver e adorar para um reflexo de poesia apaixonada. Amava, e tinha ciúmes de Teresa, não ciúmes que se refrigeram na expansão ou no despeito, mas infernos surdos, que não rompiam em labareda aos lábios, porque os olhos se abriam prontos em lágrimas para apagá-la. Sonhava com as delícias do exílio, porque nenhuma voz humana iria lá gemer à cabeceira do amado. Se a forçassem a resignar à sua inglória missão de irmã daquele homem, ia resigná-la, dizendo: "Ninguém o amará como eu; ninguém lhe adoçará a pena tão desinteressadamente como eu".

E, contudo, nunca vacilou em aceitar da mão de Teresa ou da mendiga as cartas dirigidas a Simão. A cada vinco de dor que a leitura daquelas cartas formava na testa do preso, Mariana, que o espreitava disfarçada, tremia em todas as fibras do seu coração, e dizia para si mesma: "Para que aquela senhora tem de amargurar-lhe a vida?".

E, enquanto isso, amargurava violentamente também a infeliz menina no convento!

Ressurgiram naquela alma esperanças, que não deviam durar além do tempo necessário para que a desilusão lhe aperfeiçoasse o infortúnio. Imaginara ela a liberdade, o perdão, o casamento, a aventura, a coroa depois do seu martírio. As suas amigas estimulavam a sua fantasia, umas porque não conheciam a realidade cruel das coisas, outras porque confiavam em demasia nas orações das virtuosas do mosteiro. Se as previsões das profetisas se realizassem, Simão sairia da cadeia, Tadeu de Albuquerque morreria de velhice e de raiva, o casamento seria um ato inquestionável, e o céu do casal, antes desgraçados, teria início neste mundo.

Porém Simão Botelho, ao cabo de cinco meses de cárcere, já sabia o seu destino, e achara útil prevenir Teresa, para não se entregar diante do inevitável golpe da separação. Bem queria ele iluminar com esperanças a perspectiva infeliz do exílio; mas seu coração e sua certeza estavam convictos de que esperar por qualquer ideia de equilíbrio não seria real. Teresa não podia sequer iludir-se, porque tinha no peito um despertador que a estava acordando sempre para a hora final, embora seu rosto enganasse a compaixão dos estranhos.

E, então, restava expandir-se em lástimas nas cartas que escrevia ao seu amado; invocações a Deus, e sacrilégios voltados ao destino; branduras de paciência e ímpetos de cólera contra o pai; o apego à vida que lhe foge, e súplicas à morte, que não a livra das torturas da alma e do corpo.

O julgamento

Ao fim de sete meses, o tribunal de segunda instância trocou a pena da forca por dez anos de exílio na Índia. Tadeu de Albuquerque acompanhou a apelação em Lisboa, e ofereceu estadia em sua casa a quem apoiasse a forca de Simão Botelho. O pai do condenado, motivado pelo assustador aviso que o seu filho Manuel lhe dera, foi para Lisboa lutar com dinheiro e as poderosas influências que Tadeu de Albuquerque granjeara na Casa da Suplicação e no Desembargo do Paço. Ao final, venceu Domingos Botelho, e, instigado mais por capricho que por amor paternal, recebeu do príncipe regente a graça para o filho, de cumprir a sua sentença na prisão de Vila Real.

Mas quando comunicaram a Simão Botelho a decisão de recurso do pai e a graça oferecida pelo regente, o preso respondeu que não aceitava a graça; que queria a liberdade do exílio; que protestaria perante os poderes judiciários contra um favor que não implorara, e que considerava o encarceramento pior que a morte.

Domingos Botelho, ao ser avisado da rejeição do filho, respondeu que fizesse ele a sua vontade; mas que a sua vitória sobre os opositores e os corrompidos pelo ouro do fidalgo de Viseu fora plenamente alcançada.

Então o intendente-geral da polícia foi avisado da decisão, e o nome de Simão Botelho foi inscrito no catálogo dos exilados na Índia.

Capítulo XIX

A verdade é, algumas vezes, o destino de um romance.

Na vida real, ela emerge dos casos encontrados, ou da lógica implacável das coisas; mas, quando aparece na novela, custa-nos a acreditar que o autor, se inventou, não invente melhor; e, se copiou de algo real, não falseie por amor à arte.

Um romance cuja credibilidade decorre da verdade é frio, impertinente, é uma coisa que não mexe com os nervos, nem sacode a gente sequer por um tempo, enquanto ele nos lembra desse jogo de retirada de água dos poços, onde nós somos os baldes, uns a subir, outros a descer, movidos pela manivela do egoísmo.

A verdade, quando é feia, para que expô-la em painéis ao público!?

A verdade do coração humano! Mas se o coração humano possui filamentos de ferro que o prendem ao barro de onde saiu, ou que pesam nele e o submergem na lama, para que emergi-lo, retratá-lo e dar visibilidade!?

Só quem tem o juízo no lugar faz os retoques, e, como perdi o meu estudando a verdade, a minha vingança é pintá-la como ela é, feia e repugnante.

A desgraça aquece ou destrói o amor?

É o que eu submeto à decisão do leitor inteligente. Trago fatos, e não teses aqui. Como um pintor que retrata uns olhos, e não explica as funções ópticas do aparelho visual.

Ao fim de dezenove meses de cárcere, Simão Botelho desejava apenas um raio de sol, uma lufada de ar que não fosse coada pelos ferros das grades, ver o pavimento do céu, pois o do teto do seu cubículo pesava-lhe sobre o peito.

Sua ânsia agora era por viver, já não era por amar.

Os seis meses de sobressaltos sob risco de ir à forca afrouxaram-lhe as fibras do coração; e o coração, para o amor, requer ser forte e tenso, com uma certa rijeza que se obtém com o bom sangue, com os anseios das esperanças e com as alegrias que o enchem e reforçam para as adversidades.

Caiu a forca pavorosa aos olhos de Simão; mas os pulsos continuaram atados, o pulmão respirando o ar mortal das cadeias, o espírito encolhido no frio daquelas paredes, num lugar que ressoa os derradeiros passos do último enforcado, com um teto que filtra a morte a gotas de água.

O que é o coração aos dezoito anos? O coração sem remorsos, o espírito ofegante de glórias, após dezoito meses de uma estagnação da vida?

O coração é uma víscera e, ferida de paralisia, é a primeira que falece sufocada pelas rebeliões da alma, e se devora em aflições, e se contorce nas agonias da amputação, para as quais a saudade da alegria extinta é um castigo em brasa; e o amor, que leva ao abismo pelo caminho da sonhada felicidade, não é sequer um descanso.

Ao desatar da garganta a corda da Justiça, Simão Botelho teve uma hora de alívio, e então convidou o coração da mulher que o perdera a assistir às segundas núpcias da sua vida com a esperança.

Depois, com a mesma velocidade, a esperança fugia-lhe para as areias da Ásia, e o coração enchia-se de fel, afogando nele o amor: morte inevitável, quando não há mais espaço para a esperança.

Esperança para Simão Botelho, qual?

A Índia, a humilhação, a miséria, a indigência.

E os desejos daquela alma tinham corroído as ambições de um nome. Tinha investido todas as suas forças na busca da felicidade no amor; mas, além do amor, havia a glória, o renome e a vã imortalidade, que só não é insensatez nas grandes almas e nos gênios que podem continuar a viver nas gerações vindouras.

Mas coroas de amor a escorrerem sangue dos espinhos, que infiltram veneno corrosivo no pensamento, apagam a faísca das nobres ousadias, apequenam ideias antes gigantescas, e paralisam de convulsão mortal os fluxos do coração.

Assim te sentirias também, infeliz, depois de dezoito meses de cárcere, tendo a forca ou exílio como horizontes, havendo de destruir o melhor da tua alma.

A ti mesmo perguntavas pelo teu passado, e o coração, mesmo com ímpeto de responder, retraía-se, recriminado pela razão.

De outro ponto, naquele convento onde outra existência agonizava, silenciosas queixas o espremiam como ácido na ferida; e você, que não sabias nem podias consolar, clamava palavras ao anjo da compaixão por ela, e recebias as do demônio do desespero para si.

Os dez anos de exílio que lhe impuseram como redução da pena eram-lhe mais horrorosos que a forca. E os aceitaria, por acaso, se amasse o Céu em que Teresa confiava, que lhe dava o ar que a mantinha viva, mas que nos seus pulmões se transformava em veneno?

Creio: antes a masmorra, onde ainda se poderia ouvir o som abafado de uma voz amiga; antes a intensidade de dez anos sobre lajes úmidas de um calabouço, apenas pela esperança de, numa hora extrema, no fim da vida, uma última faísca da paixão, servir para iluminar o caminho do Céu por onde o anjo do amor desafortunado se levanta, para prestar contas em seu nome a Deus, e a pedir pela alma daquele que ficou.

Teresa pediu a Simão que aceitasse os dez anos de cadeia e esperasse em Portugal a sua libertação por ela.

"Dez anos!", dizia-lhe a enclausurada de Monchique. "Em dez anos, o meu pai terá morrido e eu serei a tua esposa, então pedirei ao rei que te perdoe, se não tiveres cumprido toda a sentença. Se for para o exílio, vou te perder para sempre, Simão, porque ou morrerá ou não te lembrará de mim quando voltar."

Como a pobre se iludia nas horas em que as poucas forças de vida se concentravam no coração!

As ânsias, a palidez e o esgotamento tinham voltado. O sangue novo que gerara agora era expelido em golfadas pela tosse.

Se por amor ou piedade o condenado aceitasse permanecer trancado por três mil seiscentos e cinquenta dias corridos em longas noites solitárias, nem assim Teresa poderia garantir a vida, já que a pedra de seu túmulo a ameaçava de hora a hora.

Não esperes nada, mártir, escrevia-lhe ele. A luta contra a desgraça é inútil, e eu não posso mais lutar. O nosso encontro foi um erro terrível. Não esperemos mais nada deste mundo. Caminhemos ao encontro da morte. Há um segredo que só nosso túmulo conhece. Vamos nos encontrar?

Seguirei para o exílio. Abomino a pátria, abomino a minha família; aos meus olhos, todo este solo está coberto de forcas, e quando os homens falam a minha língua, creio que os ouço vociferar as pragas do carrasco. Em Portugal, não permaneceria nem a liberdade com riquezas; nem se concretizassem as esperanças que o teu amor me dava, Teresa!

Esqueça de mim, e deixe que tudo adormeça. Eu quero morrer, mas não aqui. Que se apague a luz dos meus olhos; mas a luz do céu, não! Quero ver o céu no meu último olhar.

Não me peças que aceite dez anos de prisão. Tu não sabes o que é existir sob grades por dez anos! Não compreende a tortura que foram esses vinte meses. A única voz que tenho ouvido é da caridade da mulher piedosa que me oferta o pão de cada dia, e do guarda que veio dizer com sarcasmo a notícia de uma graça real, de trocar o morrer instantâneo da forca por dez anos de agonias no cárcere.

Salve-se, se puder, Teresa. Renuncie ao fascínio por um desgraçado. Se o teu pai te chama, vai. Se pode vislumbrar uma nova vida de paz, siga para a felicidade desse dia. Ou, senão, morre, Teresa, pois a felicidade é a morte, é o desfazer-se em pó as fibras laceradas pela dor, é o esquecimento que salva nossa memória das ofensas.

Em resposta àquela carta, carregada de significativa perturbação do encarcerado, Teresa apenas escreveu:

Morrerei então, Simão, morrerei. Perdoe-me pelo meu destino. Perdi você. Bem sabe que eu queria te oferecer algo melhor... mas morrerei, porque não posso, nem poderei jamais, resgatar você. Se pode, viva; não peço que morra, Simão; quero que viva para chorar por minha partida. Meu espírito irá te consolar. Eu estou tranquila. Vejo a aurora da paz. Adeus, até o Céu, Simão.

Seguiram-se a esta carta muitos dias terrivelmente sombrios. Simão Botelho não respondia às perguntas de Mariana. Poderia imaginá-lo arrebatado por angústias gigantescas sobre a sua própria destruição. A criatura posta por Deus ao lado daqueles dezoito anos tão atribulados chorava; mas as lágrimas, quando Simão as via, tiravam-no do isolamento silencioso para um estado de aflição, enfraquecendo-o ainda mais.

Passaram-se seis meses.

Teresa vivia dizendo às suas companheiras no convento que sabia o dia exato da sua morte.

Simão Botelho vira duas primaveras pelas grades da cela. A terceira já despontava as primeiras flores nos jardins e esverdeava as florestas de Candal.

Era março de 1807.

No dia 10 desse mês, o condenado recebeu a ordem de pegar a primeira embarcação para o exílio na Índia. Naquele tempo havia navios cujo propósito era buscar os exilados tanto no Porto quanto em Lisboa.

Felizmente não havia nenhum impedimento para o embarque de Mariana, que se apresentou ao corregedor como criada do exilado, com passagem paga pelo seu amo.

— E a passagem foi bem paga! — disse o magistrado em tom de zombaria.

Simão assistiu guardarem sua bagagem em caixas, sem esboçar nenhuma emoção, como se ignorasse o seu destino.

Ele pensou muitas vezes em escrever uma última carta à sofrida Teresa, mas não havia mais lágrimas a colocar no papel.

— Que desgraça, meu Deus! — exclamava ele, e arrancava a mãos cheias os cabelos. — Dai-me lágrimas, Senhor! Deixai-me chorar, ou matai-me, que este sofrimento é insuportável!

Mariana contemplava estarrecida esses momentos de loucura, e outros, não menos medonhos de apatia.

— E Teresa! — gritava ele, surgindo subitamente do seu espasmo. — E aquela infeliz menina que eu matei! Não hei de vê-la mais, nunca mais! Ninguém me levará a notícia da sua morte! E, quando eu chamar por seu nome, para que me veja morrer digno dela, quem dirá a ela que eu morri?

Capítulo XX

A 17 de março de 1807, saiu dos cárceres da Relação Simão Antônio Botelho e embarcou no cais da Ribeira, com mais setenta e cinco companheiros. O filho do ex-corregedor de Viseu, a pedido do desembargador Mourão Mosqueira, e por ordem do corregedor, não ia amarrado com cordas ao braço como os outros. Desceu da cadeia ao embarque, ao lado de um oficial de justiça, e seguido por Mariana, que vigiava as caixas com as bagagens. O magistrado, fiel amigo de D. Rita Preciosa, foi a bordo da nau e recomendou ao comandante que distinguisse o condenado Simão, permitindo-lhe vinho, e sentando-o à sua mesa. Chamou Simão em separado e deu-lhe uma carteira com moedas de ouro, que a sua mãe lhe enviava. Simão Botelho aceitou o dinheiro, mas, na presença de Mourão Mosqueira, pediu ao comandante que o distribuísse igualmente entre todos os companheiros de exílio.

— O senhor Simão está louco? — disse o desembargador.

— Tenho a loucura da dignidade: por amor à minha dignidade é que me perdi; quero agora ver a que extremo de infortúnio ela pode levar os seus devotos. A caridade só não me humilharia se tivesse partido do coração e não do dever. Não conheço a pessoa que me remeteu este dinheiro.

— É a sua mãe — disse Mosqueira.

— Não tenho mãe. Quer Vossa Excelência remeter-lhe de volta esta esmola?

— Não, senhor.

— Então, senhor comandante, faça como lhe peço, ou eu atiro com isto às águas.

O comandante aceitou o dinheiro, e o desembargador saiu do cômodo da embarcação espantado com a sinistra condição do rapaz.

— Para que lado é Monchique? — perguntou Simão a Mariana.

— É naquela direção, senhor Simão — respondeu, apontando-lhe o mosteiro, que também ficava à margem do Rio Douro, em Miragaia.

Simão cruzou os braços e viu, através do gradeamento do mirante,* um vulto.

Era Teresa.

Na véspera, ela recebera o adeus de Simão e respondera enviando-lhe um corte da trança dos seus cabelos.

---

* Nota do autor: Quando escrevi este livro, ainda existia o mirante. Agora, lá, ou aí por perto, existe um salão de baile em que dançam, nos dias santificados, marujos com suas damas correspondentes.

Ao anoitecer daquele dia, pediu Teresa os sacramentos e se juntou à grade do coro, onde se foi amparando à sua criada. Parte das horas da noite passou-as sentada ao pé do santuário da sua tia, que toda a noite orou. Algumas vezes pediu que a levassem à janela que se abria para o mar, e não sentia ali a brisa fria. Conversava serenamente com as freiras, despedira-se de todas, uma a uma, andando até as alcovas das senhoras de cama para lhes dar o beijo da despedida.

Todas tentaram reanimá-la, e Teresa sorria, sem responder aos piedosos artifícios com que as boas almas queriam simular esperanças a si mesmas. Ao abrir da manhã, Teresa leu uma a uma as cartas de Simão Botelho. As que tinham sido escritas nas margens do Mondego enterneciam-na a copiosas lágrimas. Eram hinos à felicidade prevista: eram tudo que mais formoso pode dar o coração humano, quando a poesia da paixão dá cor ao pensamento, e uma encantadora e inspirada natureza lhe empresta os seus esmaltes. Então vivas reminiscências daqueles dias vieram para lhe salvar: a sua alegria doida, as suas doces tristezas, esperanças a abafarem saudades, os mudos colóquios com a irmã querida de Simão, o céu aromático que se lhe alargava à aspiração sôfrega de vagos desejos, tudo, enfim, que lembra a desgraçados.

Juntou depois as cartas e prendeu-as com fitas de seda desenlaçadas de raminhos de flores murchas, que Simão, dois anos antes, lhe atirara da sua janela ao quarto dela.

As pétalas das flores soltas quase todas se desfizeram, e Teresa, contemplando-as, disse:

— És como a minha vida. — E chorou, beijando os cálices desfolhados das primeiras que recebera.

Deu as cartas a Constança e encarregou-a de uma ordem, a respeito delas, que logo veremos cumprida.

Depois foi orar, e esteve ajoelhada meia hora, com meio corpo inclinado sobre uma cadeira. Erguendo-se, quase tirada pela violência, aceitou uma xícara de caldo e murmurou com um sorriso:

— Para a viagem.

Às nove horas da manhã, pediu a Constança que a acompanhasse ao miradouro, e, sentando-se em ânsias mortais, nunca mais desfitou os olhos da nau, que já estava com mastro em posição de partir esperando a leva dos exilados.

Quando viu, dois a dois, entrarem amarrados no tombadilho, os condenados, Teresa teve um breve acidente, em que a já frouxa claridade dos olhos se lhe apagou, e as mãos convulsas pareciam querer ancorar a luz fugitiva.

Foi então que Simão Botelho a viu.

Nesse mesmo tempo atracou à nau um bote em que vinha a pobre de Viseu, chamando Simão. Ele foi então à abertura no casco e, estendendo o braço à mendiga, recebeu o pacotinho das suas cartas. Reconheceu que a primeira não era a sua, pela lisura do papel, e não a abriu.

Ouviu-se a voz de levar âncora e largar amarras. Simão encostou-se à amurada da nau, com os olhos fixos no miradouro.

Viu agitar-se um lenço, e ele respondeu àquele aceno.

A nau desceu ao mar e passou pelo convento. Distintamente, Simão viu um rosto e uns braços suspensos nas barras de ferro; mas não era Teresa aquele rosto: seria antes um cadáver que subiu da clausura ao miradouro, com os ossos da cara inchados ainda dos herpes da sepultura.

— É Teresa? — perguntou Simão a Mariana.

— É, senhor, é ela — disse a generosa criatura num afogado gemido, ouvindo o seu coração dizer-lhe que a alma do condenado iria partir também seguindo aquela por quem se perdera.

De repente, aquietou o lenço que se agitava no miradouro, e viu Simão um movimento impetuoso de alguns braços, e o desaparecimento de Teresa e do vulto de Constança, que só agora ele reparara.

A nau parou defronte de Sobreiras, pouco antes de sair a mar aberto. Uma nuvem no horizonte e a súbita agitação das ondas causaram a suspensão da viagem anunciada pelo comandante. Em seguida, velejou da foz um pequeno barco com o piloto-mor, que mandava ancorar até novas ordens. Então, adiou-se a viagem para o dia seguinte.

E, no entanto, Simão Botelho, como um cadáver embalsamado, cujos olhos artificiais se mantinham cravados e imóveis num ponto, tinha os seus imersos na escuridão do miradouro. Nenhum sinal de vida. E as horas passaram até que o derradeiro raio de sol se apagou nas grades do mosteiro.

Ao escurecer, o comandante voltou de terra e contemplou Simão com os olhos embaciados de lágrimas, que observava as primeiras estrelas a surgir no miradouro.

— Procura-a no Céu? — disse o marinheiro.

— Se a procuro no Céu! — repetiu automaticamente Simão.

— Sim. Ela deve estar no Céu agora.

— Quem, senhor?

— Teresa.

— Teresa! Morreu?

— Morreu, além, no miradouro, de onde ela estava a acenar.

Simão curvou-se sobre a amurada e fitou os olhos na corrente de água. O comandante lançou-lhe os braços e disse:

— Coragem, grande desgraçado, coragem! Os homens do mar também creem em Deus! Espere que o Céu se abra para você pelas súplicas daquele anjo!

Mariana estava um passo atrás de Simão e tinha as mãos erguidas.

— Acabou-se tudo! — murmurou Simão. — Eis-me livre, para a morte. Senhor comandante — continuou ele energicamente —, eu não me suicido. Pode ficar tranquilo.

— Peço-lhe que se recolha à câmara. O seu beliche está ao pé do meu.

— É obrigatório recolher-me?

— Para Vossa Senhoria não há obrigações, há pedidos.

— Vou, e agradeço a compaixão.

Mariana seguiu-o com um olhar quebrado e terno do Jau,* quando o poeta desembarcava, segundo a ideia apaixonada do cantor de Camões.

Simão olhou para ela e disse ao comandante:

— E esta infeliz?

— Que o siga — respondeu o compassivo homem do mar.

Simão recolheu-se ao beliche, e o comandante sentou-se em frente dele, e Mariana ficou no escuro da câmara a chorar.

— Fale, senhor Simão! — disse o comandante. — Desafogue e chore.

— Já chorei, senhor!

— Eu não tinha imaginado uma angústia igual à sua. A invenção humana não criou ainda um quadro tão atroz. Meus cabelos se arrepiam, e tenho visto espetáculos horríveis na terra e no mar.

---

* Jau, nome do escravo que acompanhou Camões nos seus últimos anos de vida. Ele apegou-se com tamanha afeição ao poeta, que nem mesmo nas situações mais críticas deixou de lhe prestar assistência, chegando a sair à noite pelas ruas de Lisboa mendigando, a fim de prover, para o amo, o sustento do dia seguinte.

Pacientemente, o comandante tentava conduzir Simão ao desabafo. O condenado não respondia. Ouvia os soluços de Mariana, e tinha os olhos postos no maço das cartas, que pusera sobre um banco.

O capitão prosseguiu:

— Quando em Miragaia me contaram a morte daquela senhora, pedi a uma pessoa relacionada no convento que me levasse a ouvir de alguma freira a triste história. Uma religiosa me contou; mas eram mais gemidos que palavras. Soube que ela, quando descíamos na altura do rio Douro, proferia em alta voz: "Simão, adeus até a eternidade!". E caiu nos braços de uma criada. A criada gritou, outras foram ao miradouro, e trouxeram-na meio morta para baixo, ou morta, melhor direi, que nenhuma palavra mais lhe ouviram. Depois contaram-me o que ela penara em dois anos e nove meses naquele mosteiro; o amor que ela lhe tinha, e as mil mortes que ali padeceu, cada vez que a esperança lhe morria. Que desgraçada menina, e que desgraçado rapaz o senhor é!

— Por pouco tempo — disse Simão, como se o dissesse a si próprio, ou a própria imaginação estivesse a dialogar consigo mesmo.

— Creio, creio, por pouco tempo — prosseguiu o capitão —, mas se os amigos pudessem salvá-lo, senhor, eu daria na Índia mais fiéis que em Portugal. Prometo-lhe, sob a minha palavra de honra, falar com vice-rei em Goa. E assegurar-lhe um princípio de vida decente, e as comodidades que fazem a existência tão saudável como ela é na Ásia. Não se intimide com a ideia do exílio, senhor Simão. Viva, faça por vencer-se, e será feliz!

— Por piedade, senhor, quero apenas ficar em silêncio — disse o exilado.

— Bem sei que é cedo ainda para planejar futuros. Desculpe a simpatia que me faz cair na indiscrição, mas aceite um amigo nesta hora atribulada.

— Aceito, e preciso dele. Mariana! — chamou Simão. — Venha aqui, se este cavalheiro o permitir.

Mariana entrou no quarto.

— Esta mulher tem sido a minha providência — disse Simão. — Porque foi ela quem me sustentou. Não senti a fome em dois anos e nove meses de cárcere. Vendeu tudo o que tinha para me sustentar e vestir. E segue aqui comigo nesta viagem. Seja respeitável aos seus olhos, senhor, porque ela é tão pura como a verdade deve ser nos lábios de um moribundo. Se eu morrer, senhor comandante, aceite a tarefa de a amparar com a sua caridade como se fosse minha irmã. Se ela quiser voltar à sua pátria, seja o seu protetor na viagem. — E, estendendo-lhe a mão, disse: — Promete-me isso, senhor?

— Juro.

O comandante, obrigado a subir ao tombadilho, deixou Simão com Mariana.

— Estou tranquilo pelo teu futuro, minha amiga.

— Eu já o estava, senhor Simão — respondeu ela.

Não trocaram palavras por muito tempo. Simão apoiou a face sobre a mesa e apertou com as mãos os olhos para impedir as lágrimas. Mariana, de pé, ao lado dele, fitava seu rosto na luz opaca da lâmpada oscilante e pensava, assim como ele, na morte.

E o vento nordeste sibilava, como um gemido, pelos mastros da nau.

Capítulo XXI

Às onze horas da noite, o comandante recolhera-se num beliche de passageiro. Mariana, sentada no pavimento, com o rosto sobre os joelhos, parecia sucumbir ao passar das trabalhosas e aflitivas horas daquele dia.

Simão Botelho permanecia prostrado no camarote, com os braços cruzados sobre o peito, e os olhos presos na luz que balançava com as marés. O ouvido talvez estivesse atento ao assobio da ventania: devia soar-lhe como um silvo agudo lastimoso, voz única no silêncio da terra e do céu.

À meia-noite, Simão estendeu o braço trêmulo ao maço das cartas que Teresa lhe enviara e contemplou a que estava por cima, que era dela. Rompeu a fita e a colocou no camarote para alcançar o fraco clarão da lâmpada.

Dizia assim a carta:

É já o meu espírito que te fala, Simão. A tua amada morreu. A tua pobre Teresa, à hora em que leres esta carta, se Deus não me engana, está em descanso.

Eu devia poupar-te a esta última tortura; não devia escrever-te; mas perdoa a culpa da tua esposa do Céu. Há uma consolação que sinto em conversar contigo a esta hora, hora final da noite da minha vida.

Quem te diria que eu morri, se não fosse eu mesma, Simão? Daqui a pouco, perderás da vista este mosteiro; correrás milhares de léguas, e não acharás, em parte alguma do mundo, voz humana que te diga: "A infeliz espera-te no outro mundo, e pede ao Senhor que te resgate".

Se eu pudesse te iludir, meu amor, gostaria que eu o fizesse pensar que estaria com vida e com esperança para te ver no regresso do teu exílio? Assim pode ser, mas, ainda agora, neste momento, domina-me a vontade de fazer-te sentir que eu não podia viver. Parece que a infelicidade às vezes tem a vaidade de repisar como é, até atingir o seu limite! Quero que digas: "Está morta, e morreu quando eu lhe tirei a última esperança".

Isto não é para queixar-me, Simão; não é. Talvez eu pudesse resistir alguns dias à morte, se tu ficasses; mas, de um modo ou outro, era inevitável fechar os olhos quando se rompesse o último fio, este último que se está a partir, e eu mesma o ouço partir.

Não vão estas palavras acrescentar a tua pena. Deus me livre de ajuntar um remorso injusto à tua saudade.

Se eu pudesse ainda te ver feliz neste mundo; se Deus permitisse à minha alma esta visão! Feliz, tu, meu pobre condenado! Sem o querer, meu amor agora seria uma ofensa, julgando-te capaz de encontrar felicidade! Tu morrerás de saudade, se o clima do exílio não te matar ainda antes da dor do espírito.

A vida era bela, Simão, se a tivéssemos como tu pintavas nas tuas cartas que li há pouco! Estou a ver a casa que tu descrevias, perto de Coimbra, cercada de árvores, flores e aves. A tua imaginação passeava comigo nas margens do rio Mondego, à hora pensativa do escurecer. Estrelava-se o céu, e a lua abrilhantava a água. Eu respondia com a mudez do coração ao teu silêncio, e, animada pelo teu sorriso, inclinava a face ao teu peito, como se fosse ao da minha mãe. Tudo isso li nas tuas cartas; e parece que cessava a agonia enquanto a alma se está a recordar. Noutra carta, falavas-me em triunfos e glórias e na imortalidade do teu nome. Também eu ia atrás da tua aspiração, ou à frente dela, porque o maior quinhão dos teus prazeres de espírito queria eu que fosse o meu. Era criança há três anos, Simão, e já entendia os teus desejos de glória, e imaginava-os realizados como obra minha, se tu me dizias, como disseste muitas vezes, que não serias nada sem o estímulo do meu amor.

Ó! Simão, de que céu tão lindo caímos! À hora que te escrevo, estás tu para entrar na nau dos exilados, e eu na sepultura.

Que importa morrer, se não podemos jamais ter nesta vida a nossa esperança de três anos atrás? Poderias lidar com a desesperança e com a vida, Simão? Eu não podia. Os instantes do dormir eram os escassos benefícios que Deus me concedia; a morte é mais que uma necessidade, é uma misericórdia divina, uma bem-aventurança para mim.

E que farás tu da vida sem a tua companheira de martírio? Onde vais reanimar o coração que a desgraça esmagou, sem o esquecimento da imagem desta mulher, que seguiu cegamente a estrela da tua malfadada sorte?

Tu nunca hás de amar, não é verdade, meu esposo? Terias vergonha de ti mesmo, se alguma vez visses passar rapidamente a minha sombra à frente dos teus olhos enxutos? Sofre, sofre ao coração da tua amada estas derradeiras perguntas, a que tu responderás, no alto-mar, quando leres esta carta.

Rompe a manhã. Verei a minha última aurora. A última dos meus dezoito anos!

Abençoado sejas, Simão! Deus te proteja, e te livre de uma agonia longa. Todas as minhas angústias eu ofereço em desconto das tuas culpas. E se algumas impaciências a justiça divina me condena, oferece os teus padecimentos a Deus, meu amigo, para que eu seja perdoada.

Adeus! À luz da eternidade parece-me que já te vejo, Simão!

Ergueu-se o exilado, olhou em redor de si, logo acompanhado por Mariana, que levantava a cabeça ao menor movimento dele.

— Que acontece, senhor Simão? — disse ela, erguendo-se.

— Estavas aqui, Mariana? Não vai se deitar?

— Não vou; o comandante deu-me licença para ficar aqui.

— Mas há de assim passar a noite? Rogo-te que vás, porque não é necessário mais esse teu sacrifício.

— Se não o incomodo, deixe-me aqui estar, senhor Simão.

— Fica então, minha amiga, fica. Poderei subir ao convés?

— Quer ir ao convés, senhor Botelho? — disse o comandante, lançando-se do beliche.

— Queria, senhor comandante.

— Iremos juntos.

Simão juntou a carta de Teresa ao maço das suas e saiu a cambalear. No convés sentou-se num monte de cordas e contemplou o mirante de Monchique, que parecia negro na base da serra penhascosa em que atualmente fica a rua da Restauração.

O capitão passeava da proa à ré, mas com o ouvido atento aos movimentos do exilado. Receara um propósito do suicídio, porque Mariana já lhe incutira semelhante suspeita.

Queria o marítimo dizer-lhe palavras consoladoras, mas pensava: "O que se há de dizer a um homem assim?". E parava junto dele algumas vezes, como para desviar-lhe o espírito daquele mirante.

— Eu não me suicido! — exclamou abruptamente Simão Botelho. — Se a sua generosidade, senhor capitão, se interessa em que eu viva, pode dormir descansado a sua noite, que eu não me suicido.

— Mas então mereço a condescendência de descer comigo à câmara?

— Irei, mas lá eu sofro mais, senhor.

Não respondeu o comandante, e continuou a passear no convés, apesar das rajadas de vento.

Mariana estava agachada entre os pacotes da carga, a pouca distância de Simão. O comandante viu-a, falou com ela e retirou-se.

Às três horas da manhã, Simão Botelho segurou a testa entre as mãos, abrasada pela febre. Não conseguiu se sentar, e deixou-se cair a meio corpo. A cabeça, ao declinar, pousou no seio de Mariana.

— O anjo da compaixão sempre comigo! — murmurou ele. — Teresa foi muito mais desgraçada.

— Quer descer ao camarote? — disse ela.

— Não consigo. Ampara-me, minha irmã.

Deu alguns passos para a escadinha e olhou ainda sobre o mirante. Desceu a íngreme escada, apegando-se às cordas. Lançou-se sobre o colchão e pediu água, que bebeu insaciavelmente. Seguiu-se a febre, o contorcimento, e as ânsias, com intervalos de delírio.

De manhã veio a bordo um médico, por convite do capitão. Examinando o condenado, disse que a doença era febre maligna, e bem podia ser que ele achasse a sepultura no caminho da Índia.

Mariana ouviu o prognóstico e não chorou.

Às onze horas, saiu a nau da marinha. Às ânsias da doença acresceram as do enjoo. A pedido do comandante, Simão bebia remédios, que vomitava logo, revoltos pelas contrações.

Ao segundo dia de viagem, Mariana disse a Simão:

— Se o meu irmão morrer, que hei de fazer com aquelas cartas?

Pasmosa serenidade a desta pergunta!

— Se eu morrer no mar — disse ele —, Mariana, atira ao mar todos os meus papéis, todos; e estas cartas que estão debaixo do meu travesseiro também.

Passada uma ânsia, que lhe embargava a voz, Simão continuou:

— Se eu morrer, que pretende fazer, Mariana?

— Morrerei, senhor Simão.

— Morrerás? Tanta gente desgraçada que eu fiz.

A febre aumentava. Os sintomas da morte eram visíveis aos olhos do capitão, que tinha sobeja experiência de ver morrerem centenas de condenados, feridos da febre do mar, e desprovidos de medicamentos.

Ao quarto dia, quando a nau se movia devagar defronte de Cascais, sobreveio uma súbita tempestade. O navio foi arrastado por muitas milhas, e, perdido o rumo de Lisboa, navegou desnorteado. No sexto dia de navegação incerta, por entre espessas brumas, partiu-se o leme em frente de Gibraltar. E, em seguida ao desastre, aplacaram os ventos, desencapelaram-se as ondas e nasceu, com a aurora do dia seguinte, um formoso dia de primavera. Era o dia 27 de março, o nono da enfermidade de Simão Botelho.

Mariana tinha envelhecido. O comandante, ao olhar para ela, exclamou:

— Parece que volta da Índia com os dez anos de trabalhos já passados!

— Já acabados — disse ela.

Ao anoitecer desse dia, o condenado delirou pela última vez, e dizia assim no seu delírio:

— A casa, perto de Coimbra, cercada de árvores, flores e aves. A tua imaginação passeava comigo nas margens do rio Mondego, à hora pensativa do escurecer. Estrelava-se o céu, e a lua abrilhantava a água. Eu respondia com a mudez do coração ao teu silêncio, e, animada pelo teu sorriso, inclinava a face ao teu peito, como se fosse ao da minha mãe. De que céu tão lindo caímos. A tua amiga morreu. A tua pobre Teresa.

— E que farás tu da vida sem a tua companheira de martírio? Onde vais tu reanimar o coração que a desgraça esmagou? Rompe a manhã. Verei a minha última aurora. A última dos meus dezoito anos. Oferece a Deus os teus padecimentos, para que eu seja perdoado... Mariana...

Mariana colou os ouvidos nos lábios roxos do moribundo, quando pensou ouvir o seu nome.

— Tu virás ter conosco; seremos irmãos no Céu. Tu serás o mais puro anjo. Se és mesmo deste mundo, irmã; se és mesmo deste mundo, Mariana.

A transição do delírio para a letargia completa era o anúncio infalível da morte.

Ao romper da manhã apagou-se a lâmpada. Mariana saíra a pedir luz e ouviu um gemido agônico. Voltando às escuras, com os braços estendidos para tatear a face do agonizante, encontrou a mão convulsa, que apertou a uma das suas, e relaxou de súbito à pressão dos dedos.

Entrou o comandante com uma lâmpada e a aproximou da respiração, que não embaciou o vidro.

— Está morto! — disse ele.

Mariana curvou-se sobre o cadáver e beijou-lhe a face. Era o seu primeiro beijo. Ajoelhou-se depois ao pé do beliche com as mãos erguidas e não orava nem chorava.

Algumas horas passadas, o comandante disse a Mariana:

— Agora é tempo de dar sepultura ao nosso venturoso amigo. É ventura morrer quando se vem a este mundo com tal estrela. Passe a senhora Mariana ali para a câmara, pois o defunto tem de ser levado daqui.

Mariana tirou o maço das cartas debaixo do travesseiro e foi até uma caixa buscar os papéis de Simão. Atou o rolo ao avental que ele tinha, daquelas lágrimas dela, choradas no dia da sua demência, e prendeu o embrulho à cintura.

Foi o cadáver envolto num lençol e transportado para o convés.

Mariana seguiu-o.

Do porão da nau foi trazida uma pedra, que um marujo lhe atou às pernas com um pedaço de cabo. O comandante contemplava a cena triste com os olhos úmidos, e os soldados que guarneciam a nau ficaram tão impressionados com aquele funeral que automaticamente em respeito se descobriram.

Mariana estava, no entanto, encostada ao flanco da nau, e parecia estupidamente encarar aqueles empuxões que o marujo dava ao cadáver para segurar a pedra na cintura.

Dois homens ergueram o morto ao alto sobre a amurada. Deram-lhe o balanço para o arremessarem para longe. E, antes que o baque do cadáver se fizesse ouvir na água, todos viram, e ninguém já pôde segurar Mariana, que se atirara ao mar.

À voz do comandante desamarraram rapidamente o bote, e saltaram homens para salvar Mariana.

Salvem-na!

Viram-na, um momento, bracejar, não para resistir à morte, mas para abraçar-se ao cadáver de Simão, que uma onda lhe atirou aos braços. O comandante olhou para o sítio de onde Mariana se atirara e viu, preso na corda, o avental, e à flor da água, um rolo de papéis, que os marujos recolheram na lancha. Eram, como sabem, a correspondência de Teresa e Simão.

Da família de Simão Botelho vive ainda, em Vila Real de Trás-os-Montes, a senhora D. Rita Emília da Veiga Castelo Branco, a irmã predileta dele. A última pessoa falecida, há vinte e seis anos, foi Manuel Botelho, pai do autor deste livro.

Fim

A cadeia de Camilo

A Cadeia da Relação do Porto abriu as suas portas no final do século XVIII, para funcionar de acordo com os conceitos da época. Alojou Camilo Castelo Branco, entre outras figuras ilustres.

Da sua janela, via as torres da Igreja do Bonfim, os telhados num suave declive e, delineado contra o horizonte, o Convento de São Bento de Avé-Maria, a atual gare ferroviária de São Bento, no centro do Porto. O cenário que o olhar de Camilo Castelo Branco abarcava era mais sombrio e frio.

No entanto, Camilo sabia que habitava a melhor cela individual da Cadeia da Relação.

Os reclusos ficavam nos seus quartos (apenas fechados por grossas portas de madeira à noite, quando os carcereiros corriam os grandes ferrolhos de ferro) ou, sempre que o desejassem, podiam passear pelo amplo corredor, onde os criados lhes levavam comida e roupa lavada, conversando com outros detidos. Foi o caso de Camilo e de Zé do Telhado, com quem o escritor travou amizade por "conveniência", como explica Sónia Silva, responsável pela Extensão Cultural e Educativa do Centro Português de Fotografia, alojado no imenso edifício que foi tribunal até 1937 e cadeia até 1974. Camilo estava convencido de que o marido de Ana Plácido, o abastado comerciante Manuel Pinheiro Alves, teria subornado alguém para o agredir quando estavam ambos detidos, acusados de adultério, pelo que fez de Zé do Telhado (também recluso no terceiro piso, apesar de ser um salteador de estrada, por ter dinheiro e ser um líder nato – acredita-se, ter sido a inspiração para criar o pai de Mariana) "uma espécie de guarda-costas". A amizade durou ao ponto de lhe ter recomendado o seu advogado, mas nem este conseguiu salvá-lo do degredo em África.

O trabalho de edição dos textos levou alguns anos e contou com o apoio de vários dicionários de termos da época. Nosso propósito foi de tornar todo o texto acessível aos leitores, sem a mesma necessidade de recorrer continuamente aos livros para compreender a história.

Veríssimo

ESTA OBRA FOI IMPRESSA
EM JANEIRO DE 2024.